浅井昭衞著

立正安国論謹講

冨士大石寺顕正会

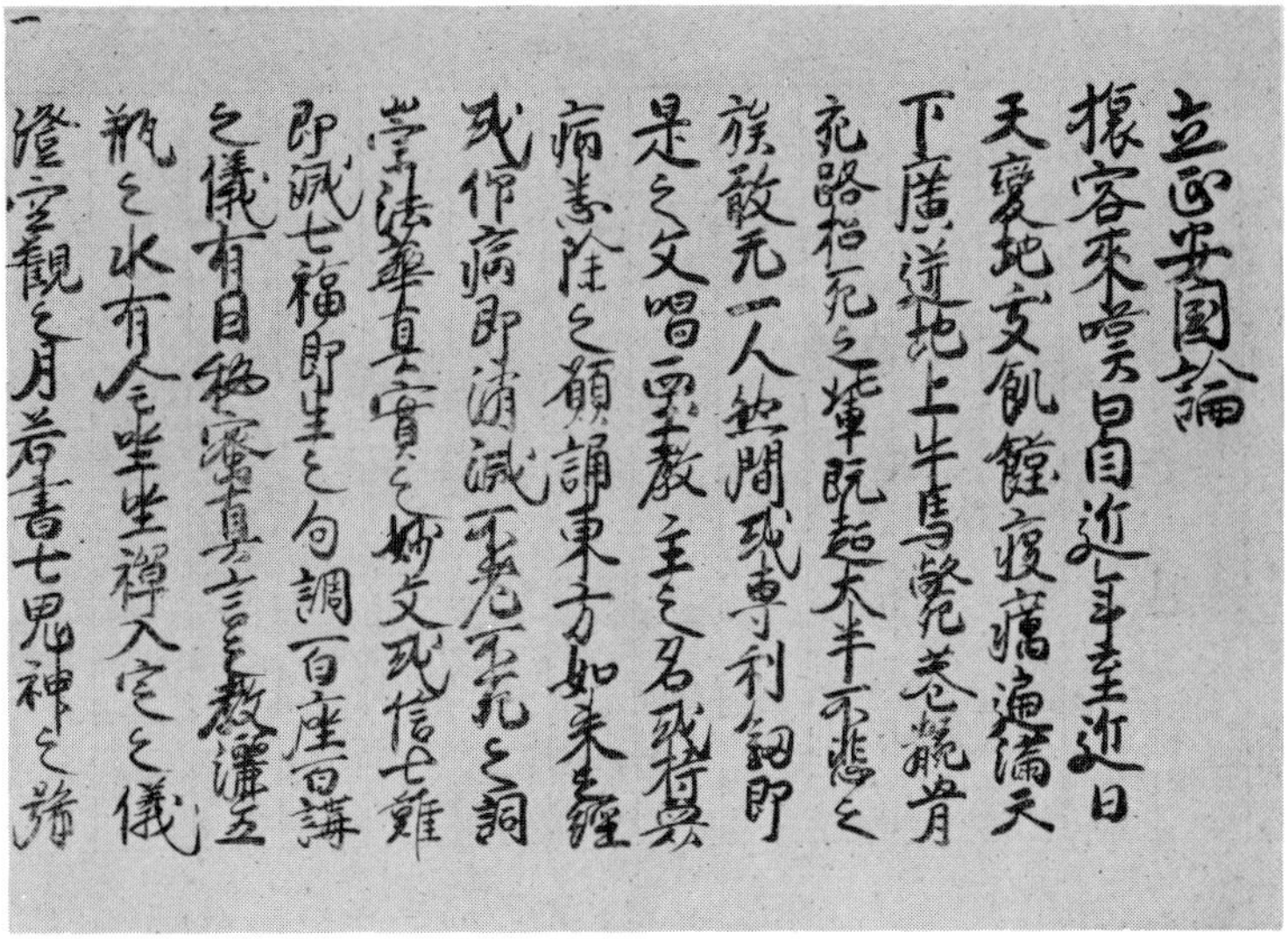

立正安国論　第一紙（御真跡）

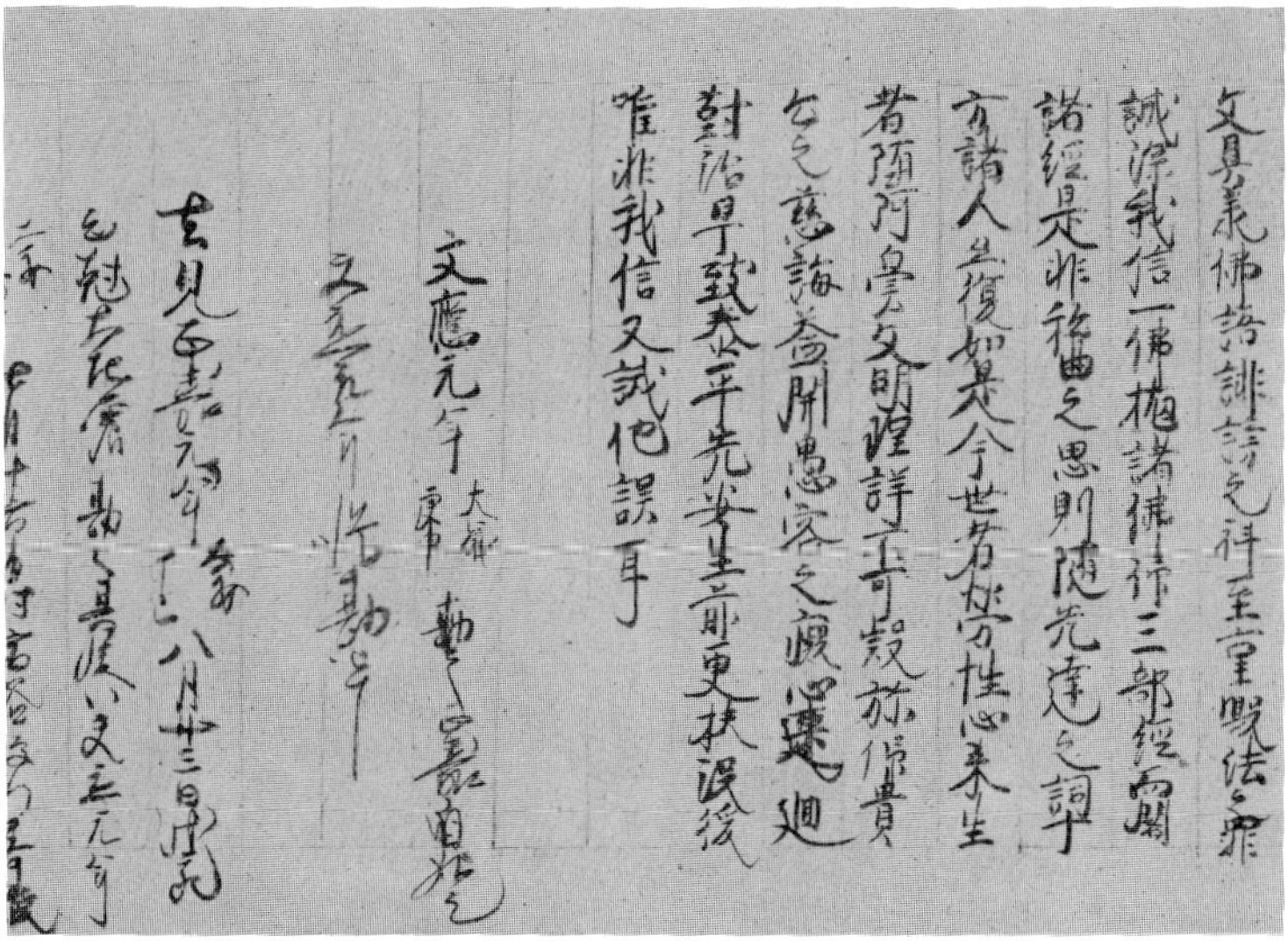

立正安国論　末文および奥書（御真跡）

序

立正安国論は、日蓮大聖人御歳《おんとし》三十九歳、立宗より七年目の文応《ぶんのう》元年七月十六日に、時の国主・北条時頼《ほうじょうときより》に宛《あ》てられた国家諫暁《こっかかんぎょう》の書である。

すなわち正嘉《しょうか》の大地震以来打ち続く天変地夭《てんぺんちよう》を御覧になり、これ国中の謗法《ほうぼう》に由《よ》ると判ぜられ、もし謗法を止《とど》めなければ、日本一同今生《こんじょう》には他国の侵略を招き後生《ごしょう》には阿鼻《あび》地獄《じごく》に堕《だ》することを厳然と予言され、仏国実現を強く促《うなが》し給うたものである。

思うに、当時の専制国家において、邪法・邪師に執着《しゅうちゃく》する国主に対し、その謗法を止《とど》めよと諫暁《かんぎょう》し給うことが、どれほど御身に危険をもたらすことになるか。ゆえに教機時国抄《きょうきじこくしょう》に云く

「之《これ》を顕《あらわ》すは法華経の行者なり、而《しか》れども、必ず身命を喪《うしな》わんか」と。

まことに、一切衆生の現当《げんとう》の大苦を救わんと、身命も惜しみ給わぬその大慈大悲を偲《しの》び奉れば、粛然《しゅくぜん》として襟《えり》を正さざるを得ない。

また「他国侵逼《たこくしんぴつ》」の御予言を拝するに、四方を海に囲まれた日本において、当時の誰人がこれを信じ得たであろうか。しかし御予言は十四年後に、一分も違わず符合《ふごう》したのであった。ゆえに本論の奥書《おくがき》に云く「此《こ》の書は徴《しるし》有る文《ふみ》なり」と。

まさに立正安国論こそ、理論と現証の一致を以て御教示下された、未来永遠にわたる国家安泰《あんたい》・世界平和の一大明鏡である。ゆえに人類の存《そん》する限り国家の在《あ》る限り、立正安国論に示された法則のままに、国家も人類も動いていくのである。

而《しこう》して奥書《おくがき》に云く

「既《すで》に勘文《かんもん》此《これ》に叶《かの》う。之《これ》に准《じゅん》じて之を思うに、未来亦《また》然るべきか」と。

この「未来亦《また》然るべきか」とは、別《べつ》しては事《じ》の広宣流布・国立戒壇建立の前夜、立正安国論に御示しの現証が、また日本に起こることを仰せ給うたものと拝する。ゆえに三大秘法抄には戒壇建立の時を指して「末法濁悪《じょくあく》の未来」とも仰せられる。

今まさに、この「濁悪」の時は来《きた》るか。正系門家の中を見れば、御遺命《ごゆいめい》たる国立戒壇は無慚《むざん》にも抛《なげう》たれてしまった。「立正」とは詮《せん》ずるところ国立戒壇の建立ではないか。しかるにこれを抛《なげう》って、どうして国の傾かぬことがあろうか。

さらに外《そと》を見れば、邪宗・謗法《ほうぼう》の徒輩《とはい》の「本門戒壇の大御本尊」に対し奉る誹謗怨嫉《ひぼうおんしつ》は悪質を極めている。どうして三災七難《さんさいしちなん》の顕《あら》われぬことがあろうか。

この内《うち》の違背《いはい》・外《そと》の誹謗《ひぼう》のゆえに、いま恐るべき他国侵逼《たこくしんぴつ》の影は刻々《こくこく》と日本に迫りつつあるのである。その前兆《ぜんちょう》として、国内には「一切の人衆《にんしゅう》皆《みな》善心《ぜんしん》無《な》く」とて凶悪犯罪は横行し、世界各地には未曽有《みぞう》の異常気象が頻発《ひんぱつ》している。

まさしく今日《こんにち》こそ御本仏の兼知《けんち》し給う「未来亦然《また》るべきか」の時なのである。されば仏弟子たる者、今こそ立正安国論を心肝《しんかん》に染め、御金言のまま仏国実現に戦わねばならぬ。本講義録発刊のゆえんはここに在《あ》る。

ただ畏《おそ》るは、御本仏の聖意の甚深《じんじん》なる、凡慮《ぼんりょ》の遠く及ばざることである。ゆえにただ総本山第二十六世日寛上人の御指南を仰ぎ、御聖文を繰り返し心に念じつつ、謹んで本書を執筆させて頂いた。

庶幾《こいねがわ》くは、全顕正会員、お互いに広布前夜に生まれ合わせた宿縁を歓喜し、一筋に「立正」の実践《じっせん》たる広宣流布・国立戒壇建立に驀進《ばくしん》、以て御本仏大聖人に応え奉ろうではないか。

昭和六十三年七月十六日

冨士大石寺顕正会

会長　浅井昭衛

目次

立正安国論謹講

序講

第一　本論御述作の縁由《えんゆ》

日蓮大聖人は建長五年四月二十八日、房州《ぼうしゅう》清澄山《きよずみやま》において三大秘法の「南無妙法蓮華経」を始めて唱え出《いだ》され、立宗宣言あそばされた。

これより大聖人は直《ただ》ちに政都・鎌倉に出《い》で給い、三大秘法の弘通を開始された。

当時の鎌倉は政治の中心地であれば、幕府権力者の庇護《ひご》を受けて念仏《ねんぶつ》・禅《ぜん》・真言《しんごん》・律《りつ》等の諸宗の高僧が集《つど》い、寺院は並び立ち、その様《さま》はまさに「仏閣《ぶっかく》甍《いらか》を連《つら》ね経蔵《きょうぞう》軒《のき》を並《なら》べ、僧《そう》は竹葦《ちくい》の如《ごと》く侶《りょ》は稲麻《とうま》に似たり」の状況であった。ことに念仏宗は数十年前に法然《ほうねん》が出現して邪義を弘めて以来、その亡国の哀音《あいおん》は国中に満ち満ちていた。

これらの諸宗はことごとく、権経《ごんきょう》に執《しゅう》して法華経を誹謗《ひぼう》している謗法《ほうぼう》の邪宗である。しかるに為政者も民衆もこれを堕地獄《だじごく》の悪法とは知らず、かえって邪師を尊崇《そんそう》すること仏を敬うごとく、その執心《しゅうしん》の堅きことは金石《こんせき》のごとくであった。

このように邪法・邪師充満の中《なか》、日蓮大聖人はただ御一人《ごいちにん》、身命も惜しまず三大秘法の弘通に立たれたのである。その御雄姿《ごゆうし》、あたかも猿狐《えんこ》のむらがる中の師子王《ししおう》のごとくであられた。

法華経本門寿量品の文底《もんてい》に秘沈《ひちん》された三大秘法を弘通するには、まず法華経誹謗《ひぼう》の諸宗を破折《はしゃく》しなければならない。ここに大聖人は「権実二教《ごんじつにきょう》のいくさ」を起こされ、「諸経は無得道《むとくどう》・堕地獄《だじごく》の根源、法華経独《ひと》り成仏の法なり」(如説修行抄)と、声も惜しまず諸宗の人法《にんぽう》を折伏し給うたのである。

この師子吼《ししく》はたちまち鎌倉に激しい反応をもたらした。大聖人の示される整然たる道理と文証に反論し得る者は一人もない。ゆえにこそ「我慢《がまん》の心充満《こころじゅうまん》」の悪侶《あくりょ》らは、かえって大瞋恚《だいしんに》を起こした。これ下種の御本仏の御化導に値《あ》って衆生の元品《がんぽん》の無明《むみょう》が激発《げきはつ》したのである。

そのような中にも、大聖人の御徳にふれて富木常忍《ときじょうにん》・四条金吾《しじょうきんご》・工藤吉隆《くどうよしたか》・太田乗明《おおたじょうみょう》・曽谷教信《そやきょうしん》等の宿縁の士が、年来の邪法を捨てて次々と入信した。

大聖人の正義に耳を傾ける者が鎌倉に増えるに随い、諸宗の怨嫉《おんしつ》はいよいよ激しさを加え、民衆の悪《あっ》口罵詈《くめり》も凄《すさま》じさを増した。

それも当然、国中は念仏・禅で充満している。しかるに大聖人は「念仏は無間《むげん》の業因《ごういん》」「禅は天魔《てんま》の所為《しょい》」と痛烈に破折あそばす。道理では敵対し得ない悪僧たちは、民衆の感情に訴え、大聖人を〝阿弥《あみ》陀仏《だぶつ》の敵《かたき》〟と憎ませたのである。

ここに民衆は、我が父母《ふも》の敵《かたき》を見るよりも、謀叛《むほん》・殺害の犯人を見るよりも、なお憎悪の眼を以て大聖人を見奉るようになった。かくて、大聖人の行くところ、悪口罵詈《あっくめり》は渦まき、石や瓦が飛び交うようになったのである。

天変地夭

立宗宣言より四年目の正嘉《しょうか》元年、五月・八月・十一月と、鎌倉に三たびの大地震があった。とりわけ八月二十三日の大地震は、前代未聞の激烈《げきれつ》さであった。山は崩《くず》れ、大地は裂《さ》け、その裂《さ》け目より青白い光を発し、水を噴《ふ》き火を噴《ふ》き、鎌倉中の寺社《じしゃ》は一宇《いちう》残らず倒壊《とうかい》した。家屋の下敷きになって惨死《ざんし》する者無数、まさにこの世の生き地獄が現出した。

災難はこれだけではなかった。この大地震を機に、来る年も来る年も、大風《たいふう》・大洪水《だいこうずい》・大火災・大飢《き》饉《きん》・大疫病《だいやくびょう》が次々と襲い来《きた》り、ために死者は巷《ちまた》に満ちあふれ、ついに国中の過半が死に至るという状態に至った。

天地が狂うとはこのことであろうか。為政者は大いに驚き、諸宗の高僧に命じて祈禱《きとう》をさせたが、かえって災難は増大するばかりであった。このさまを安国論御勘由来《あんこくろんごかんゆらい》には

「正嘉《しょうか》元年太歳丁巳八月廿三日戌亥《いぬい》の時前代に超《こ》えたる大地震、同二年戊午八月一日大風、同三年己未大飢饉《ききん》、正元元年己未大疫病《やくびょう》、同二年庚申四季《しき》に亘《わた》って大疫已《だいやくや》まず、万民既に大半に超《こ》えて死を招き了《おわ》んぬ。而る間

国主之《これ》に驚き、内外典《ないげでん》に仰せ付けて種々の御祈禱《ごきとう》有り、爾《しか》りと雖《いえど》も一分《いちぶん》の験《しるし》も無く、還《かえ》って飢疫《きえき》等を増長《ぞうちょう》す」と。

この災難は何ゆえ起きたのか、日本国中誰も知る者はない。ただ日蓮大聖人御一人《ごいちにん》、その根源を知り給うた。すなわち、これ偏《ひと》えに一国の謗法に依ると、深く知り給うたのである。

この謗法とは何か、弥陀《みだ》・念仏に執着して釈尊・法華経に背くは謗法である。ただしこの謗法は未だその罪が浅い。真の謗法とは、いま末法に御本仏出現して三大秘法を以って一切衆生を救わんとするに、一国こぞってこれを謗り怨《そしあだ》む、これこそ極重《ごくじゅう》の謗法である。このゆえに一国の大災難は起きたのである。

ゆえに治病大小権実違目《じびょうだいしょうごんじついもく》に云く

「此の三十余年の三災七難等は、一向《いっこう》に他事《たじ》を雑《まじ》えず、日本一同に日蓮をあだみて、国々・郡《ぐん》々・郷々・村々・人ごとに上一人より下万民にいたるまで前代未聞の大瞋恚《だいしんに》を起せり、見思未断《けんじみだん》の凡夫の元品《がんぽん》の無明《むみょう》を起す事此れ始めなり」と。

また聖人知三世事に云く

「正嘉《しょうか》の大地震・文永の長星《ちょうせい》は誰か故ぞ、日蓮は一閻浮提《いちえんぶだい》第一の聖人なり」と。

さらに曽谷殿御返事には

「三毒強盛《ごうじょう》なる一国いかでか安穏なるべき。乃至、今日本国の人々四十九億九万四千八百二十八人の男女、人々ことなれども同じく一《ひとつ》の三毒なり、所謂《いわゆる》南無妙法蓮華経を境《きょう》としてをこれる三毒なれば、人ごとに釈迦・多宝・十方の諸仏を一時に罵《の》り、責《せ》め、流し、失うなり。是れ即ち小の三災の序《ついで》なり」と。

大聖人が弘通を始められてより、わずか四年にして、国土にこのような天変地夭の感応《かんのう》が現われたということは只事《ただごと》ではない。これすなわち御出現の仏は久遠元初《くおんがんじょ》の下種の御本仏、法は最大深秘《じんぴ》の三大秘法、そしてこの仏と法に対する一国の瞋恚《しんに》・謗法も前代未聞《ぜんだいみもん》なるがゆえである。

国主諫暁

大聖人は正嘉元年の大地震を見て、もし謗法を止《とど》めなければ、後に自界叛逆《じかいほんぎゃく》・他国侵逼《たこくしんぴつ》の二難が必ず来ることを仏智《ぶっち》を以ってお知りになった。すなわち大地震はこの二難の先相《せんそう》なりと判じ給うたのである。もし二難が現実となれば国は亡びる。そして後生《ごしょう》には日本国の一切衆生は阿鼻獄《あびごく》に堕《だ》する。この現当《げんとう》の大禍《だいか》を脱《のが》れるには諸宗の謗法を対治して正法を立てねばならない。これを為すべき義務は国主にあり、また為し得る威力も国主にある。

かくて大聖人は立正安国論一巻をしたため、文応元年七月十六日、時の国主・北条時頼《ほうじょうときより》（最明寺入道）を諫暁《かんぎょう》遊ばされた。時に聖寿三十九歳であられた。

この立正安国論の奏上について、安国論御勘由来《あんこくろんごかんゆらい》には

「日蓮世間の体《てい》を見て粗《ほぼ》一切経を勘《かんが》うるに、御祈請験《ごきしょうしるし》無く還《かえ》って凶悪《きょうあく》を増長するの由《よし》、道理・文証《もんしょう》之《これ》を得了《おわ》んぬ。終《つい》に止むことなく勘文《かんもん》一通を造《つく》り作《な》し、其の名を立正安国論と号す。文応元年庚申七月十六日辰時、屋戸野《やどや》入道に付けて故最明寺入道殿《こさいみょうじにゅうどう》に奏進《そうしん》し了《おわ》んぬ。此れ偏に国土の恩を報ぜんが為なり」と。

また妙法比丘尼《びくに》御返事には

「今日本国すでに大謗法の国となりて他国にやぶらるべしと見えたり。此れを知りながら申さずば、縦《たと》い現在は安穏なりとも後生《ごしょう》は無間大城《むげんだいじょう》に堕《お》つべし、後生を恐れて申すならば流罪《るざい》・死罪《しざい》は一定《いちじょう》なりと思い定めて、去《い》ぬる文応の比《ころ》、故最明寺入道殿に申し上げぬ」と。

さらに教機時国抄には

「三類《さんるい》の敵人《てきにん》を顕さずんば法華経の行者に非《あら》ず、之を顕《あらわ》すは法華経の行者なり、而《しか》れども必ず身命を喪《うしな》わんか」と仰せられている。

思うに、当時は邪法を信ずる民衆に対する弘通すらなお身の危険をともなった。いわんや北条時頼は禅門《ぜんもん》の徒《と》、また幕府内の実力者・北条重時は念仏の狂信者、かかる権力者に対する諫暁《かんぎょう》は、まさに身命に及ぶこと必至であった。

事実、この諫暁の翌月、北条重時の同意のもとに念仏者数千人が松葉《まつば》ケ谷《がやつ》の庵室《あんしつ》を襲って大聖人を殺害せんとし、続いて翌年には国権による伊豆流罪の法難が起きている。また後年の竜の口の死罪も、実にこの立正安国論の奏上《そうじょう》が遠く起因しているのである。

まことに、身命を捨てて一切衆生を現当二世に救わんと遊ばすその大慈大悲を拝し奉れば、涙をおさえることは出来ない。

第二　一代御化導における本論の位置

大聖人の御化導の目的は、三大秘法を以て日本および全世界の一切衆生を現当二世に救済あそばすにある。すなわち仏国を実現することである。

そしてこの仏国を実現する一大指南書が実に立正安国論なのである。ゆえに人聖人の御一生はそのまま立正安国論の実践《じっせん》であられる。したがって本論こそ大聖人の一代御化導を貫く大綱《たいこう》の御書と拝さなくてはならない。

後《のち》に著《あらわ》された開目抄・観心本尊抄・撰時抄・報恩抄・三大秘法抄等の重要御書は、御化導の進展にともなって三大秘法の深秘《じんぴ》を開示し給うたもので、すなわち「立正」の内容の具体的御説明にほかならない。されば、これらの重要御書を横糸として摂《せっ》し、縦に御一代を貫く本論こそ、まさに御書四百余篇の代表ともいうべきである。

いわんや本論は国主諫暁の対外的公式文書であり、また自他の二難の御予言符合《ふごう》という大現証をともなった書である。ゆえに大聖人御自身、本論を讃嘆《さんたん》せられて云く

「去《い》ぬる文永五年後《のち》の正月十八日、西戎《さいじゅう》大蒙古国より日本国を襲《おそ》うべきよし牒状《ちょうじょう》をわたす。日蓮が去《い》ぬ

る文応《ぶんのう》元年太歳庚申に勘《かんが》へたりし立正安国論すこしもたがわず符合《ふごう》しぬ。此《こ》の書は白楽天《はくらくてん》が楽府《がふ》にも越へ、仏の未来記にも劣《おと》らず、末代の不思議なに事かこれにすぎん」（下種本仏成道御書）と。

このほか、大聖人御自ら多数の御書の中で、この立正安国論の名を挙げ、その意を御指南下されている。このような例は他抄には見られぬところである。以て本論の位置を深く認識すべきである。

日寛上人は御書四百余篇の中における立正安国論の位置について、「此の論、首《はじめ》に居《お》く事《こと》」と題し、次のごとく指南されている。

「およそ此の論はこれ国主諫暁の書、兼讖《けんしん》差《たが》わざるの判なり。いわんや句法玉《くほうたま》を潤《うるお》し、義勢地《ぎせいち》を震《ふる》う。ゆえに師自讃《じさん》して云く『白楽天《はくらくてん》の楽府《がふ》にも越へ、仏の未来記にも劣らず』と。此《ここ》に三意あり。一には彼は前代に託《たく》して諷諭《ふうゆ》し、これは直《ただ》ちに災難の起《お》こりを示す。二には彼はその言《ことば》に用捨《ゆうしゃ》あり、これは強《ごう》言《げん》を以て暁諫《ぎょうかん》す。三には彼はただ世間政道の謬《あやま》りを糺《ただ》す、これは現当《げんとう》のために謗法《ほうぼう》の罪を糺《ただ》す。あに楽《が》府《ふ》に勝《まさ》れるにあらずや。他国侵逼《たこくしんぴつ》・自界叛逆《じかいほんぎゃく》の兼讖《けんしん》・秋毫《しゅうごう》も差《たが》わず、寧《むし》ろ仏の未来記にも劣らざるにあらずや。以てこの論・首《はじめ》に居《お》くこと、誰かこれを疑うべけんや」と。

「首《はじめ》」とは最上位の意である。立正安国論は御書四百余篇の代表・最上位に位置すると仰せられるのである。

以上述べたように、立正安国論は一代御化導を貫く大綱の御書であれば、大聖人の御一代は、まさに立正安国論に始まり立正安国論に終っておられる。

すなわち立宗宣言より七年目、本論によって国家諌暁は開始され、それより三類《さんるい》の強敵《ごうてき》は競《きそ》い起こり、この三類の強敵のゆえに大聖人は竜の口において久遠元初《くおんがんじょ》の自受用身《じじゅゆうしん》の成道《じょうどう》を遂《と》げ給うておられる。また本論に予言された自他《じた》の二難の適中《てきちゅう》により、末法下種の御本仏たることは立証されたのである。ゆえに聖人《しょうにん》知三世事《ちさんぜのこと》に云く

「後五百歳《ごごひゃくさい》には誰人を以て法華経の行者と之《これ》を知る可《べ》きや。予は未だ我が智慧を信ぜず、然りと雖《いえど》も自他の返逆《ほんぎゃく》・侵逼《しんぴつ》、之を以て我が智を信ず。敢《あえ》て他人の為にするに非《あら》ず、又我が弟子等之を存知せよ。日蓮は是れ法華経の行者なり」と。ここに仰せの「法華経の行者」とは末法下種の御本仏との意である。またこの二難現前《げんぜん》の大現証を期《き》として、未来国立戒壇に安置し奉る「本門戒壇の大御本尊」は御建立された。ゆえに観心本尊抄に云く

「今の自界叛逆《じかいほんぎゃく》・西海侵逼《さいかいしんぴつ》の二難を指すなり。此の時地涌千界《じゆせんがい》出現して、本門の釈尊を脇士《きょうじ》と為《な》す一《いち》閻浮提《えんぶだい》第一の本尊を此の国に立つ可《べ》し」と。

かくのごとく出世の御本懐を遂《と》げ給うたのち、弘安五年の御入滅に際して門下一同に講じ給うたのが、この立正安国論であった。この最後の御講義こそ〝国立戒壇を建立して仏国を実現せよ〟との、門下一同への御遺命ではないか。

かく拝すれば、大聖人の御化導は、まさに立正安国論に始まり立正安国論に終わることを知り奉る。されば この一書に、大聖人の御願業《ごがんぎょう》のすべてはこめられているのである。

第二　本論の大意

題号について

題号《だいごう》の「立正安国論」とは〝正法《しょうぼう》を立てて国を安《やす》んずるの書〟という意味である。そして立正とは破邪に対する言葉であるから、立正の前提には必ず破邪《はじゃ》がある。ゆえに題号の意をまず「破邪・立正・安国」と心得なくてはならない。

この「破邪・立正・安国」について、それぞれ附文《ふもん》と元意《がんい》の二意がある。附文《ふもん》とは文面にあらわれている表面上の意であり、元意《がんい》とは文の奥にある究極の文意である。

まず「破邪」について附文と元意を論ずれば、本論において邪法として破折されているのは、ただ法《ほう》然《ねん》の念仏のみである。なぜ念仏のみを挙げて破折され給うたのかといえば、当時民衆の間に最も流行し害毒を流していたのが、この哀音《あいおん》の念仏であったからであり、また未だ立宗の草創《そうそう》の時であったゆえである。これ附文の辺《へん》である。

もし元意《がんい》を拝すれば、邪法とは念仏のみならず真言・天台・禅・律等の諸宗も含まれる。

ゆえに撰時抄には

「文応《ぶんのう》元年太歳庚申七月十六日に立正安国論を最明寺殿に奏《そう》したてまつりし時、宿谷《やどや》の入道に向って云く、禅宗と念仏宗とを失い給うべし」と。

また本尊問答抄には

「真言宗と申すは一向に大妄語《だいもうご》にて候が、深く其の根源をかくして候へば、浅機《せんき》の人あらはしがたし。乃至、立正安国論と名づけき、其の書にくはしく申したれども愚人《ぐにん》は知りがたし」

と仰せられている。このように念仏宗以外の諸宗も、深く本論を拝せば破折されている。ゆえに三大秘法に背く一切の宗教・思想は、すべてこれ破折さるべき邪法・悪思想というべきである。

次に「立正」について附文と元意を論ずれば、附文の辺は法華経を指して正法とされている。しかしこれは、権実相対《ごんじつそうたい》に約しての一往の御表現である。実に元意は法華経本門寿量品の文底《もんてい》に秘沈《ひちん》された三大秘法こそ唯一の正法なのである。

ゆえに常忍抄《じょうにんしょう》には

「日蓮が法門は第三の法門なり。世間に粗《ほぼ》夢の如く一二をば申せども第三をば申さず候、第三の法門は天台・妙楽・伝教も粗之《ほぼこれ》を示せども未だ事了《お》えず、所詮末法の今に譲《ゆず》り与えしなり」と。

「第三の法門」とは、第一の権実相対《ごんじつそうたい》・第二の本迹《ほんじゃく》相対に対して、第三の種脱《しゅだつ》相対を指す。この種脱相対こそ三大秘法を説き明かす御法門であり、これが大聖人の御本意である。ゆえに「日蓮が法門」と仰せられるのである。

また四十九院《しじゅうくいん》申状《もうしじょう》には

「大覚世尊《だいかくせそん》、霊山《りょうぜん》・虚空《こくう》の二処《にしょ》・三会《さんえ》、二門八年の間、三重《さんじゅう》の秘法を説き窮《きわ》むと雖《いえど》も、仏滅後二千二百三十余年の間、月氏《がっし》の迦葉《かしょう》・阿難《あなん》・竜樹《りゅうじゅ》・天親《てんじん》等の大論師、漢土の天台・妙楽、日本の伝教大師等、内には之《これ》を知ると雖《いえど》も外《そと》には之を伝えず、第三の秘法今に残す所なり。是《こ》れ偏《ひとえ》に末法闘諍《とうじょう》の始め、他国《たこく》来難《らいなん》の刻《きざみ》、一閻浮提《いちえんぶだい》の中の大合戦《だいかっせん》起こらんの時、国主此の法を用いて兵乱《ひょうらん》に勝つべきの秘術なり」と。

「第三の秘法」とは、第一の迹門《しゃくもん》・第二の本門に対して、第三の文底秘沈《もんていひちん》の大法すなわち三大秘法を指す。

さらに法華取要抄に云く

「問うて云く、如来の滅後二千余年に、竜樹・天親・天台・伝教の残したまえる所の秘法何物《なにもの》ぞや。答えて曰く、本門の本尊と戒壇と題目の五字となり」と。

以上の御文を拝すれば、大聖人御弘通の本意はただ三大秘法にあること明白である。されば「立正」とは、三大秘法の正法を立てるに在ることまた明らかである。

ゆえに日寛上人は「立正の両字に三箇《さんか》の秘法を含《ふく》むなり」として、「立正」の字義からこの意を明かにしておられる。いま略してこの御指南を示せば次のごとくである。

初めに本門の本尊に約せば

「『正』はすなわち妙なり、妙とは妙法蓮華経なり、妙法蓮華経とはすなわち本門の本尊なり。ゆえに顕仏未来記《けんぶつみらいき》に云く『本門の本尊・妙法蓮華経の五字』等云々と。『立』とはこの本尊を立つるなり。ゆえに観心本尊抄に云く『此の時地涌《じゆ》千界出現して、本門の釈尊を脇士《きょうじ》と為《な》す一閻浮提第一の本尊を此の国に立つべし』と。もししからば『立正』の両字はすなわちこれ本門の本尊なり」と。

次に本門の題目に約せば

「題目に信行《しんぎょう》の二意を具す、行の始めはこれ信心なり、信心の終りはこれ行なり、すでに正境《しょうきょう》に縁するゆえに信心すなわち正なり、信心正なるゆえにその行すなわち正なり、ゆえに題目の修行を名づけて『正』となすなり。『立』とはすなわち行を立つるなり」と。

三に本門の戒壇に約せば

「およそ『正』とは一の止《と》まる所なり。一は謂《いわ》く、本門の本尊なり、これすなわち閻浮《えんぶ》第一の本尊なるがゆえなり、またこれ一大事の秘法なるがゆえなり、ゆえに本尊を以て一と名づくる者なり。止《し》はこれ止住《しじゅう》の義なり、すでにこれ本尊止住《しじゅう》の処《ところ》なり、あに本門の戒壇に非ずや。『立』とは戒壇を立つるなり。御相承《ごそうじょう》に云く『国主此の法を立てらるれば、富士山に本門寺の戒壇を建立せらるべきなり、時を待つべきのみ』等云々」と。

以上「立正」の二字に三大秘法を含むことまことに明らかである。そして三大秘法の随一は「本門戒壇の大御本尊」であり、この大御本尊を国立戒壇に安置し奉ることこそ、大聖人究極の御願業であられる。されば「立正」とは国立戒壇の建立にある。これが元意である。

次に「安国」について附文と元意を論ずれば、附文の辺は当時の日本を指しておられるが、元意は当時のみならず未来永遠にわたり、また日本のみならず全世界に通ずるのである。ゆえに立正安国論の奥書には「未来亦然るべきか」と仰せられ、また本文には「三界は皆仏国なり、乃至、十方は悉く宝土なり」と仰せられる。

ここを以て日寛上人は

「文は唯《ただ》日本及び現世に在り、意は閻浮《えんぶ》及び未来に通ずべし」と御指南されている。

以上、「破邪・立正・安国」のそれぞれについて附文と元意の両意を述べたが、詮ずるところ題号の「立正安国」の元意は、「一切の邪法を捨てて国立戒壇を建立すれば、日本および全世界は現当二世に安《あん》泰《たい》たるべし」ということである。

本文の大意

立正安国論の本文は、主人と客との問答十段・七千五百十六文字より成り、流麗《りゅうれい》荘重《そうちょう》玉のごとき名文を以て、破邪・立正・安国の御聖旨が認《したた》められている。いまその大意を拝せば

冒頭《ぼうとう》に、まず当時の天変《てんぺん》地夭《ちよう》・飢《き》饉《きん》疫《えき》癘《れい》の惨状が活写《かっしゃ》され、次いでこの災難《さいなん》興起《こうき》の原理について

「世皆正《しょう》に背き人悉《ことごと》く悪に帰《き》す、故に善神国を捨てて相《あい》去り聖人《しょうにん》所を辞《じ》して還《かえ》らず、是《ここ》を以て魔《ま》来り鬼《き》来り、災起り難起る」

と明示されている。そしてこの大原理を証する経文として金光明経《こんこうみょうきょう》・大集経《だいしっきょう》・仁王経《にんのうきょう》・薬師経《やくしきょう》の四経を挙げ給うている。

次に、世人が正に背き悪に帰したのは正法を誹謗《ひぼう》する悪比丘《あくびく》がいるゆえであるとし、この悪比丘の名を「後鳥羽院《ごとばいん》の御宇《ぎょう》に法然《ほうねん》というもの有り」と明確に示され、法然の謗法を道理・文証・現証の上から立証されている。

次いで国家安泰の原理を

「謗法の人を禁《とど》めて正道の侶《りょ》を重んぜば、国中安穏にして天下泰平ならん」

と示したのち、「謗法の人を禁《とど》める」具体的方法として、布施を止《とど》めることを明かされている。

そして仏法有縁の国の国主たる者は正法守護の義務ありとして、守護付属《しゅごふぞく》を示す経文を挙げられ、さらに有徳王《うとくおう》・覚徳比丘《かくとくびく》の故事《こじ》を引いて、仏法守護の在るべき姿を御教示下されている。これ国立戒壇建立の前提たる王仏冥合《おうぶつみょうごう》を促《うなが》し給うたものである。

而《しこう》してのち、天馬《てんば》空《くう》を行くごとき雄渾《ゆうこん》の筆致《ひっち》を以て、自界叛逆《じかいほんぎゃく》・他国侵逼《たこくしんぴつ》の御予言を遊ばすのである。

「先難是《こ》れ明かなり、後災《こうさい》何ぞ疑わん。若し残る所の難、悪法の科《とが》に依って並び起り競《きそ》い来《きた》らば、其の時何《いか》んが為《せ》んや。帝王は国家を基《もとい》として天下を治め、人臣は田園《でんえん》を領して世上《せしょう》を保《たも》つ、而《しか》るに他方の賊来《ぞくきた》りて其の国を侵逼《しんぴつ》し、自界叛逆《じかいほんぎゃく》して其の地を掠領《りゃくりょう》せば、豈《あに》驚かざらんや、豈《あに》騒がざらんや、国を失い家を滅《めっ》せば、何《いず》れの所にか世《よ》を遁《のが》れん」と。

この重大の御予言こそ、まさに本論の肝要である。そしてこの現世の予言に引き続き、日本国一同の未来の堕獄《だごく》を誡め給うて云く

「若《も》し執心《しゅうしん》飜《ひるがえ》らず亦《また》曲意《ごくい》猶《なお》存《そん》せば、早く有為《うい》の郷《さと》を辞して必ず無間《むげん》の獄《ごく》に堕《お》ちなん」と。

この現当にわたる御予言・御教誡こそ、一切衆生を現当二世に救わんとの、御本仏の大慈大悲と拝する以外にはない。

そして最後に仏国の実現を促《うなが》され

「汝早く信仰の寸心《すんしん》を改めて速《すみやか》に実乗《じつじょう》の一善《いちぜん》に帰《き》せよ。然れば則《すなわ》ち三界《さんがい》は皆仏国なり、仏国其《そ》れ衰《おとろ》えんや。十方は悉《ことごと》く宝土《ほうど》なり、宝土何《なん》ぞ壊《やぶ》れんや。国に衰微《すいび》無く土《ど》に破壊《はえ》無くんば、身は是《こ》れ安全にして心は是《こ》れ禅定《ぜんじょう》ならん。此《こ》の詞《ことば》此の言《こと》、信ずべく崇《あが》むべし」

と、立正安国の御聖旨を結勧《けっかん》し給うている。以上が本文の大意である。

本文拝読

立正安国論は客と主人との問答形式で、十段に分れている。ただし第十段だけは客の言葉だけで、主人の答えはない。これは客の言葉がそのまま主人の答えとなっているゆえである。

大聖人が主客問答の形式を以って本論をお書きになられたゆえんは、愚者をして容易に理解せしめんがためである。

「客」とは、総じては、正法を知らず邪法に執着する一国大衆であるが、別しては、当時鎌倉幕府の実力者として事実上の国主であった北条時頼《ほうじょうときより》を指す。

「主人」とは、申すまでもなく日蓮大聖人である。撰時抄には「日蓮は当帝《とうてい》の父母《ふも》、念仏者・禅衆・真言師等が師範なり、又主君なり」と仰せられる。まさしく大聖人こそ日本国の一切衆生の主君にてましますゆえに「主人」というのである。

以下、各段における第一章は客の言葉、第二章は主人の言葉である。

第一段　災難興起の原理を示す

第一章　災難の起こる原因を問う

本文

旅客《りょかく》来《きた》りて嘆《なげ》いて曰《いわ》く、近年《きんねん》より近日《きんじつ》に至《いた》るまで、天変地夭《てんぺんちよう》・飢饉疫癘《ききんえきれい》遍《あまね》く天下《てんか》に満《み》ち、広《ひろ》く地上《ちじょう》に迸《はびこ》る。牛馬《ぎゅうば》巷《ちまた》に斃《たお》れ、骸骨《がいこつ》路《みち》に充《み》てり。死《し》を招《まね》くの輩《ともがら》既《すで》に大半《たいはん》に超《こ》え、之《これ》を悲《かな》しまざるの族《やから》敢《あえ》て一人《いちにん》も無《な》し。然《しか》る間《あいだ》、或《あるい》は利剣即是《りけんそくぜ》の文《もん》を専《もっぱら》にして西土教主《さいどきょうしゅ》の名《な》を唱《とな》え、或《あるい》は衆病悉除《しゅうびょうしつじょ》の願《がん》を持《たも》ちて東方如来《とうほうにょらい》の経《きょう》を誦《じゅ》し、或《あるい》は病即消滅不老不死《びょうそくしょうめつふろうふし》の詞《ことば》を仰《あお》いで法華真実《ほっけしんじつ》の妙文《みょうもん》を崇《あが》め、或《あるい》は七難即《しちなんそく》

滅《めつ》七《しち》福《ふく》即《そく》生《しょう》の句《く》を信《しん》じて百《ひゃく》座《ざ》百《ひゃく》講《こう》の儀《ぎ》を調《ととの》え、有《あ》るは秘《ひ》密《みつ》真《しん》言《ごん》の教《きょう》に因《よ》つて五《ご》瓶《びょう》の水《みず》を灑《そそ》ぎ、有《あ》るは坐《ざ》禅《ぜん》入《にゅう》定《じょう》の儀《よそおい》を全《まっと》うして空《くう》観《かん》の月《つき》を澄《すま》し、若《もし》くは七《しち》鬼《き》神《じん》の号《な》を書《しょ》して千《せん》門《もん》に押《お》し、若《もし》くは五《ご》大《だい》力《りき》の形《ぎょう》を図《ず》して万《ばん》戸《こ》に懸《か》け、若《もし》くは天《てん》神《じん》地《ち》祇《ぎ》を拝《はい》して四《し》角《かく》四《し》堺《かい》の祭《さい》祀《し》を企《くわだ》て、若《もし》くは万《ばん》民《みん》百《ひゃく》姓《しょう》を哀《あわ》れみて国《こく》主《しゅ》国《こく》宰《さい》の徳《とく》政《せい》を行《おこな》う。然《しか》りと雖《いえど》も唯《ただ》肝《かん》胆《たん》を摧《くだ》くのみにして弥《いよいよ》飢《き》疫《えき》に逼《せま》り、乞《こつ》客《かく》目《め》に溢《あふ》れ死《し》人《にん》眼《まなこ》に満《み》てり。臥《ふ》せる屍《しかばね》を観《ものみ》と為《な》し、並《なら》べる尸《かばね》を橋《はし》と作《な》す。観《み》れば夫《そ》れ二《じ》離《り》璧《たま》を合《あわ》せ五《ご》緯《い》珠《たま》を連《つら》ぬ、三《さん》宝《ぼう》世《よ》に在《まし》し百《ひゃく》王《おう》未《いま》だ窮《きわ》まらざるに、此《こ》の世《よ》早《はや》く衰《おとろ》え其《そ》の法《ほう》何《なん》ぞ廃《すた》れたる、是《こ》れ何《いか》なる禍《わざわい》に依《よ》り、是《こ》れ何《いか》なる誤《あやまり》に由《よ》るや。

通釈

旅客が来て嘆いていうには、近年より近日に至るまで、天《てん》変《ぺん》地《ち》夭《よう》や飢《き》饉《きん》・流行病があまねく天下に満ち、広く地上にはびこっている。ために牛馬は巷《ちまた》のいたる所で斃《たお》れ、骸《がい》骨《こつ》は道路にみちあふれている。

すでに大半の者は死に絶え、これを悲しまない者は一人もない。

　この悲惨な姿を見て、あるいは念仏宗では〝弥陀《みだ》の名号《みょうごう》は煩悩《ぼんのう》を断ち切る利剣である〟との文を堅く信じて念仏を唱えたり、あるいは天台宗では〝あらゆる病いはことごとく治る〟という経文を信じて薬《やく》師如来《しにょらい》の経を誦《じゅ》し、あるいは〝病いはただちに消滅して不老不死となる〟という詞《ことば》を仰いで法華経を崇《あが》め、あるいは〝七難は即滅《そくめつ》し七福は即生《そくしょう》する〟という仁王経《にんのうきょう》の句を信じて百座百講《ひゃくざひゃっこう》の儀式を整《ととの》えたり、あるいは真言宗では秘密真言の教えに基いて五瓶《ごびょう》の水をそそぐ祈禱《きとう》を行ない、あるいは禅宗では坐禅入《ざぜんにゅう》定《じょう》の形を整えて空観《くうかん》にふけり、さらにある者は七鬼神《しちきじん》の名を書いて千軒の門に貼《は》ってみたり、もしくは大力の五人の菩薩の形を書いて万戸《ばんこ》にかけ、もしくは天神地祇《てんじんちぎ》を拝して四角四堺《しかくしかい》の祭りをしたり、あるいは為政者は万民大衆をあわれんで徳政を行っている。

　しかしながら、これらの所行はただ心労を尽すだけで何の効果もなく、ますます飢饉《ききん》や疫病《やくびょう》にせめられ、乞食《こじき》は目にあふれ、死人はいたるところに満ち、積み重ねられた屍《しかばね》はあたかも物見台《ものみだい》のごとく、並んだ死体は橋のごとくになっている。

　観《み》れば、日月は玉と玉とを合わせたように輝いて何の変化もなく、五星も珠玉を連ねたように泰平の相を示している。また仏・法・僧の三宝も世にましまし、さらに八幡大菩薩は百王までは守護すると誓っており、未だその百王には至らないのに、どうしてこの世は早く衰え、王法はこのように廃《すた》れてしまったのか。これいかなる禍失《かしつ》により、いかなる誤りによるものであろうか。

語訳

旅客《りょかく》　総じては、正法を知らずに念仏その他の邪法に執着する大衆。別しては、時の国主・北条時頼をさす。いうまでもなく主人とは御本仏日蓮大聖人である。

　大聖人は本論において、旅客と主人の問答形式によって立正安国の大義を明かされている。この形式について日寛上人は立正安国論愚記に「当《まさ》に知るべし、賓《ひん》主《しゅ》問答を仮立《けりゅう》したもう所以《ゆえん》は愚者をして解《げ》し易《やす》からしめんが為なり」と述べられている。

近年より近日　正嘉《しょうか》元年（一二五七年）より文応《ぶんのう》元年（一二六〇年）に至る四年間をいう。立正安国論奥書には、

「正嘉より之を始め文応元年に勘《かんが》え畢《おわ》んぬ」とある。

天変地夭　天変とは、天象の怪異《けい》で、太陽・月・星等の異変、あるいはそれらによってもたらされるもろもろの異常気象をいう。

　地夭とは、大地震、地すべり等、地上に起こる災害をいう。

疫癘《えきれい》　悪質な流行病のこと、疫病《やくびょう》ともいう。

遍《あまね》く天下に満ち、広く地上に迸《はびこ》る　日寛上人の文段には

「一国二国の飢饉《ききん》に非ず、天下一同の飢饉なり、故に遍く満ちというなり。一邑《ゆう》一郡の疫癘《えきれい》に非ず、日本一同の疫癘なり、故に広く迸《はびこ》るというなり」とある。

牛馬巷《ちまた》に斃《たお》れ　日寛上人の文段には、

「仏の死を涅槃《ねはん》といい、衆生の死を死といい、天子を崩御《ほうぎょ》といい、諸侯を薨《こう》といい、太夫を不禄《ふろく》といい、智人を遷化《せんげ》といい或は逝去《せいきょ》といい、将軍を他界といい、平人を死といいまた遠行《えんこう》といい、牛馬の死を斃《へい》というなり。若し人も不義を行えば則ち牛馬に同じ。故に左《さ》伝《でん》に云く『多く不義を行えば必ず自ら斃《たお》る』と云云」とある。

或は利剣《りけん》即是《そくぜ》の文を専《もっぱ》にして　煩悩・業・苦の縛《ばく》を断滅する利剣は弥陀唱名であるとの浄土宗の教え。

西土教主《さいどきょうしゅ》　西方十万億土の教主とされる阿弥陀如来のこと。

衆病悉除の願《しゅうびょうしつじょのがん》　天台宗の祈禱。薬師如来の十二願の中の第七で、薬師如来の名号《みょうごう》を念ずれば、一切の病を除くことができるというもの。

東方如来　薬師如来のこと。東《とう》方《ほう》浄《じょう》瑠《る》璃《り》世界の教主であるため、こう呼ぶ。

病《びょう》即《そく》消《しょう》滅《めつ》不《ふ》老《ろう》不《ふ》死《し》の詞《ことば》　天台宗の祈禱。法華経薬王品の「此の経は則《すなわ》ち為《こ》れ閻《えん》浮《ぶ》提《だい》の人の病の良《ろう》薬《やく》なり。若し人病有らんに、是の経を聞くことを得ば、病即ち消滅して不老不死ならん」との文をさす。

法華真実の妙《みょう》文《もん》　法華経は釈尊一代の本懐・真実の経であるとの義より、真実の妙文という。

七《しち》難《なん》即《そく》滅《めつ》七《しち》福《ふく》即《そく》生《しょう》　天台宗の祈禱。仁《にん》王《のう》般《はん》若《にゃ》経《きょう》受《じゅ》持《じ》品《ほん》の「般《はん》若《にゃ》波《は》羅《ら》蜜《みつ》を講《こう》讃《さん》すれば、七難即ち滅し七福即ち生じ、万姓安楽にして帝王歓喜す」との文をさす。

百座百講の儀　仁王経を講義する時の儀式。一百の高座を設け、一百の法師に仁王経を講ぜしめる。日本では斉明天皇の時より始まった。

秘密真言の教　真言宗の教え。真言宗では顕・密の二義を立て、法華経を劣れる顕露教とし、真言三部教を勝れる秘密教としたのである。

五《ご》瓶《びょう》の水《みず》　真言宗の災を払う修法の一種。壇上に白・青・赤・黄・黒の五色の瓶《びん》を置いて水を盛り、花をさして壇にそなえる。瓶水は修法を受ける人の頂《いただ》きに灌《そそ》ぐのに用いられる。こうした邪法が災難をますます大きくしたことは論をまたない。

坐《ざ》禅《ぜん》入《にゅう》定《じょう》の儀《よそおい》　禅宗の修行をいう。入定とは禅《ぜん》定《じょう》に入るの意で、心を一所に定め、身《しん》口《く》意《い》の三《さん》業《ごう》を止めることをいう。

空観の月を澄《すま》し　坐禅観法の修行により、空《くう》を悟り心が澄み渡るようになるということ。禅宗では心を月にたとえ、経典は月をさす指としている。

七《しち》鬼《き》神《じん》　却《きゃく》温《おん》神《しん》呪《じゅ》経《きょう》には、七鬼神の名を書いて門にはっておくと鬼魔が近寄らず、疫病を対治できると説かれている。夢《む》多《だ》難《なん》鬼《き》・阿《あ》伽《か》尼《に》鬼《き》・尼《に》伽《か》尸《し》鬼《き》・阿《あ》伽《か》那《な》鬼《き》・波《は》羅《ら》尼《に》鬼《き》・阿《あ》毘《び》羅《ら》鬼《き》・婆《は》提《だい》利《り》鬼《き》を七善鬼という。

五《ご》大《だい》力《りき》　五大力菩薩のこと。仁王経巻下受持品に説かれている大力を持つ菩薩。金《こん》剛《ごう》吼《く》・竜《りゅう》王《おう》吼《く》・無《む》畏《い》十力《じゅうりき》吼《く》・雷《らい》電《でん》吼《く》・無《む》量《りょう》力《りき》吼《く》の菩薩。俗間で迷信化され、家の四隅に五大力菩薩を書いた札を貼って盗難などの災《さい》厄《やく》よけにする風習があった。

天《てん》神《じん》地《ち》祇《ぎ》　天上にいる神と、大地に住む神。

四《し》角《かく》四《し》堺《かい》の祭《さい》祀《し》　神道の儀式の一つ。

万《ばん》民《みん》百《ひゃく》姓《しょう》　大衆・民衆のこと。

国《こく》主《しゅ》国《こく》宰《さい》　国主とは帝王、国宰とは一国の宰相のこと。

肝《かん》胆《たん》を摧《くだ》く　臓《ぞう》腑《ふ》を揉《も》み摧《くだ》く義。すなわち、心を砕《くだ》き、誠情を尽くすことを顕わす。

乞《こつ》客《かく》　乞《こ》食《じき》のこと。

屍《しかばね》を観《ものみ》と為し　しかばねが堆積《たいせき》して山のようになるとの意。路傍《ろぼう》に捨てられた死体の多いさまを表わす。

尸《かばね》を橋と作す　死体ばかりで歩く所がなく、その上を歩くという意。

二離《じり》璧《たま》を合せ　二離とは太陽と月。日月が光明らかに平常通り運行し照らしている意。

五緯《ごい》　水星・金星・火星・木星・土星のこと。緯《い》とは天体の中にあって動くことをいう。

三宝《さんぼう》　仏宝・法宝・僧宝のこと。末法における三宝を示せば、仏宝とは日蓮大聖人、法宝とは本門戒壇の大御本尊、僧宝とは日興上人の御事である。ここで「三宝世に在《まし》し」とは、叡山天台宗をはじめ、真言、念仏、禅等の仏教各宗が盛んに信仰されていることをさす。

百王未《いま》だ窮《きわ》まらざるに　第五十一代平城《へいぜい》天皇の御宇《ぎょう》に八幡大菩薩の託宣《たくせん》があり、「百王を守護する」との誓いがあったといわれている。当時は第九十代亀山天皇の時で、まだ百王の中である。しかるに八幡大菩薩の守護もないのはどういうわけかという意。

　この百王について大聖人は諫暁八幡抄に「百王を守護せんというは、正直の王百人を守護せんと誓い給う」と仰せられている。「正直の王」とは正法を持つ王の意である。

講義

正嘉《しょうか》元年八月二十三日、前代未聞の大地震がおこり、それより年々歳々激しい天変地夭・大飢饉が打ち続き、加えて悪質な疫病《やくびょう》は流行し、ために民衆の大半は死に絶えるという、目を覆《おお》わしめる惨状《さんじょう》が当時の日本に現出《げんしゅつ》した。

日蓮大聖人はこれをごらんになり、この国土の大災難の根源を深く知り給い、時の為政者・北条時頼を諫暁《かんぎょう》遊ばされたのである。

この段は、「災難興起の根本原因を明す」にあたって、まず旅客の嘆きを挙げ、災難の起こる原因を問わしむるところである。

旅客の質問は、大災難ならびおこり万民は苦悩のどん底にあえいでいるが、諸宗の祈りは一向に効果がなく、善政もまた救いとはならない。いったいこの大災難はいかなる過失によって起きたものであろうか、ということである。

諸宗の必死の祈りの中に、天台宗と真言宗が含められていることに注意せねばならない。立正安国論は附文の辺（文の表面の意）においては法然《ほうねん》の選択《せんちゃく》すなわち念仏宗を「一凶《いっきょう》」として破しておられるが、元意《がんい》は天台・真言をも邪法として破折しておられること、この御文により深く拝すべきである。

また「国主国宰の徳政」も救いとならぬことが挙げられているが、今日とかく〝宗教は心の問題であり、国家・社会の改革・救済は政治の力による〟などと浅薄な考えかたが横行しているが、この御文は深く味識《みしき》すべき御指南である。

考えれば、国土の災難の前にはいかなる善政もお手上げとなる。共産主義も民主主義も、恐るべき異常気象・大地震・大飢饉を止めるの術《すべ》はない。所詮、政治の最善を尽しても、天・地・人を貫く法則である仏法を根底としなければ、一国は救い得ない。そこに立正安国論には政治の在るべき根底の姿、すなわち正法を護持する政治、仏国実現の大指導があるのである。

さて、この国土の大災難と大聖人御出現との関連を拝するに、仏の出現は一切衆生の大苦を抜かんがためである。「衆生に此の機《き》有《あ》って仏を感ず、ゆえに名づけて因と為す。仏、機を承《う》けて而も応ず、ゆえに名づけて縁となす」(御義口伝）と。これが仏と衆生との一大事因縁である。苦悩が極限に達する時、大衆は自然と救済を求めて仏を感ずる。仏はこの機に応じ衆生を救わんと世に御出現なさるのである。

されば国土の災難は、一国謗法の罪報であると同時に、再往深くこれを見れば、苦悩にあえぐ末法の一切衆生を救済される下種の御本仏出現の先相でもある。ゆえに呵責謗法滅罪抄《かしゃくほうぼうめつざいしょう》には

「去る正嘉元年八月二十三日戌亥《いぬい》の刻《こく》の大地震と、文永元年七月四日の大彗星《だいすいせい》、此等は仏滅後二千二百余年の間未だ出現せざる大瑞《だいずい》なり。此の大菩薩の此の大法を持ちて出現し給うべき先瑞《せんずい》なるか。尺《しゃく》の池には丈《じょう》の浪《なみ》たたず、驢《ろ》・吟《ぎん》ずるに風鳴らず、日本国の政事乱れ、万民歎くに依っては此の大瑞現じがたし。誰か知らん法華経の滅《めつ》・不《ふ》滅《めつ》の大瑞なり」と仰せられる。

これらを以って拝するに、事《じ》の広宣流布の前夜は「末法濁悪《じょくあく》の未来」と御予言であれば、仏法も乱れ、一国の謗法も強まり、そしていよいよ国立戒壇に本門戒壇の大御本尊がお出ましとあれば、その先相として御在世に次ぐ三災七難が現われることであろう。

立正安国論の奥書《おくがき》には「未来亦《また》然るべきか」と仰せられているが、今こそ立正安国論を肌身に感じ拝し奉る時である。

第二章　災難興起の根本原因を明かす

本文

主人《しゅじん》の曰《いわ》く、独《ひと》り此《こ》の事《こと》を愁《うれ》いて胸臆《くおく》に憤悱《ふんぴ》す。客来《きゃくきた》りて共《とも》に嘆《なげ》く、屢談話《しばしばだんわ》を致《いた》さん。夫《そ》れ出家《しゅっけ》して道《みち》に入《い》る者《もの》は法《ほう》に依《よ》つて仏《ほとけ》を期《ご》するなり。而《しか》るに今神《いましん》術《じゅつ》も協《かな》わず仏威《ぶつい》も験《しる》し無《な》し、具《つぶさ》に当世《とうせい》の体《てい》を観《み》るに愚《おろか》にして後生《ごしょう》の疑《うたが》いを発《おこ》す。然《しか》れば則《すなわ》ち円覆《えんぷ》を仰《あお》いで恨《うらみ》を呑《の》み、方載《ほうさい》に俯《ふ》して慮《うらおもい》を深《ふか》くす。倩《つらつ》ら微管《びかん》を傾《かたむ》け聊《いささ》か経文《きょうもん》を披《ひら》きたるに、世皆正《よみなしょう》に背《そむ》き人悉《ひとことごと》く悪《あく》に帰《き》す、故《ゆえ》に善神国《ぜんじんくに》を捨《す》てて相《あい》去《さ》り聖人所《しょうにんところ》を辞《じ》して還《かえ》らず、是《ここ》を以《もっ》て魔来《まきた》り鬼来《ききた》り、災起《さいおこ》り難起《なんおこ》る、言《い》わずんばあるべからず、恐《おそ》れずんばあるべからず。

通釈

主人のいわく。

自分は独《ひと》りでこのことを愁《うれ》い、胸の奥にこの思いを蔵《しま》っていたが、たまたま客来《きた》り、共に世の悲惨を嘆くを見る。されば心の限り語り合いたいと思う。

そもそも出家して仏道に入る者は、教法によって仏果を期《ご》するのである。しかるに、今やいかなる祈りをしても、神も守らず仏の守護も見られない。つぶさに当世の惨状を眼前にすれば、現世の祈りすらこのように一分の験《しるし》なきにおいては、それより難しい未来の成仏はなおさらおぼつかない。ここにおいて一般大衆は愚かしくも後生《ごしょう》の疑いを生じ、ために進退全くきわまり、ただ天を仰いで恨みを呑《の》み、地に俯《ふ》して深き憂慮に沈まざるを得ないであろう。

いまつくづくと、狭い見解ではあるが経文を開いて見るに、世は上下あげて皆正法に背き、人々はことごとく悪法に帰している。ゆえに国土を守護すべき諸天善神は国を捨てて相《あ》い去り、仏法を護持《ごじ》すべき聖人は所を辞して還《かえ》らない。このゆえに天魔《てんま》・悪鬼《あっき》が便《たよ》りを得て国土に乱入し災難が起こるのである。まことにこの事は声を大にして云わなければならないことであり、また恐れなくてはならない。

語訳

胸臆《くおく》　胸の中、心の中という意。

憤悱《ふんぴ》　思いが胸にあふれているさまをいう。

神術《しんじゅつ》**も協**《かな》**わず**　前段にあるように、天神地祇《てんじんちぎ》を拝する等の祈禱も効がないこと。

仏威《ぶつい》**も験**《しるし》**無し**　弥陀の名号を唱え、薬師如来に祈り、仁王講を修しても、天変地夭は少しも止まらないこと。

後生《ごしょう》**の疑いを発**《おこ》**す**　現世の祈りすらこのように一分の験《しるし》もないのであるから、それより難かしい未来の成仏はなおさらおぼつかないと疑いの思いを起こすこと。

円覆《えんぷ》　天をいう。

方載《ほうさい》　大地をいう。

微管《びかん》　細い管のこと。ここでは狭い見解という意味で、主人の謙遜のことば。

善神《ぜんじん》　天照太神・八幡大菩薩等、正法と国土を守護する神。

聖人《しょうにん》　世間では賢人より優れた場合に用いる。日寛上人の文段には「三略の下に云く『賢《けん》去れば則ち国微《おとろ》え、聖《せい》去れば則ち国乖《そむ》く』と已上。世間の聖人《せいじん》なお爾《しか》なり、況《いわ》んや出世の聖者をや。今はこれ出世の聖人《しょうにん》なり」とある。このように、ここでいう聖人とは、仏法上の聖《しょう》人《にん》である。

魔《ま》　天界にある仏法を乱す働き。人の心を誑《たぶら》かし、正念を失わせる。

鬼《き》　餓鬼界にあって、災難や戦争あるいは病気を起こさせる働き。

講義

ここで大聖人は、国土に災難の起こる根本原因を明しておられる。

「世皆正《しょう》に背き、人悉く悪に帰す。故に善神国を捨てて相去り、聖人所を辞して還らず。是《ここ》を以って魔来り鬼来り、災起り難起る」
との御文こそそれである。
この御金言は、後段の一国治術の方法を示された
「謗法の人を禁《とど》めて正道の侶を重んぜば、国中安穏にして天下泰平ならん」
の御文と対応して、共に立正安国論の中の肝要の御指南であるから、深く心腑に染めなければならない。

ゆえに日寛上人は「世皆背正人悉帰悪」の八字について
「今この八字は肝要なり、別して背正帰悪《はいしょうきあく》の四字肝心なり」と仰せられ、邪正については権実・本迹・種脱の相対を以って立て分け、詮ずるところ究極の「正」とは三大秘法であると結論されている。しかれば「邪」とはこの三大秘法を軽賤憎嫉《きょうせんぞうしつ》するすべての宗教・思想であること論をまたない。

さて、災難の原因を具さに拝せば、三意が含まれている。すなわち一に背正帰悪《はいしょうきあく》のゆえであり、二には神聖《じんしょう》去り辞《じ》するゆえであり、三には魔鬼《まき》来《きた》り乱《みだ》るるゆえである。

まず世人が正法に背き悪法に帰する。これを見て諸天善神および仏法護持の聖人が国を去る。よって天魔・悪鬼が国土に乱入し、その結果国土に災難がおこるという順序である。まさに人々の「背正帰悪」こそ災難の根本原因である。

この災難興起の大原理は、縦に三世を貫き横に法界の辺をきわめた仏智の御断定、大聖人の深き御確

信であられる。今日、部分観にとらわれた科学万能・唯物偏重の風が世間に幅をきかせているが、微々《びび》妙々《みょうみょう》なる天・地・人の関係を知らないこれら世間の小智では、及びもつかぬ大原理である。

この大宇宙は一大生命体である。仏法はこの実相を明すに当って、十界《じゅっかい》・十如是《じゅうにょぜ》・三世間《さんせけん》・三諦《さんたい》等の法門を説いているが、大宇宙は、それ自体が微妙なる体系を持った一大生命体であると共に、その中にあるすべての存在は相互に関連し合い影響しあっている。一つの変化は他に変化を与えずにはおかない。よって、もし人の心が地獄界となれば、ただちに天界に感応し、所住の国土また地獄界の相を現ずる。これ色心不二《しきしんふに》、依正不二《えしょうふに》、身土不二《しんどふに》の原理である。ゆえに大聖人は瑞相御書《ずいそうごしょ》に

「夫れ十方は依報《えほう》なり、衆生は正報《しょうほう》なり、依報は影《かげ》のごとし、正報は体《たい》のごとし、身なくば影なし、正報なくば依報なし、又正報をば依報をもって此れをつくる」と。

さらに

「去る正嘉・文永の大地震・大天変は、天神《てんじん》七代・地神《ちじん》五代はさておきぬ、人王九十代二千余年が間、日本国にいまだなき天変地夭なり。人の悦《よろこ》び多多なれば天に吉瑞《きちずい》をあらはし地に帝釈《たいしゃく》の動あり。人の悪心盛なれば、天に凶変《きょうへん》地に凶夭《きょうよう》出来す。瞋恚《しんに》の大小に随いて天変の大小あり、地夭も又かくのごとし」

と仰せられている。以って人の心と、天地の感応の微妙《びみょう》を知るべきである。

第二段　災難興起についての経証を示す

第一章　災難興起の経文の証拠を問う

本文

客《きゃく》の曰《いわ》く、天下《てんか》の災《さい》・国中《こくちゅう》の難《なん》、余《よ》独《ひと》り嘆《なげ》くのみに非《あら》ず、衆《しゅう》皆《みな》悲《かな》しめり。今《いま》蘭室《らんしつ》に入《い》つて初《はじ》めて芳詞《ほうし》を承《うけたまわ》るに、神聖《じんしょう》去《さ》り辞《じ》し災難《さいなん》並《なら》び起《おこ》るとは何《いず》れの経《きょう》に出《い》でたるや、其《そ》の証拠《しょうこ》を聞《き》かん。

通釈

客のいわく。

天下の災・国中の難については自分独《ひと》りが嘆いているのではない、民衆すべてが悲しんでいる。いま貴方のところに来て初めてその御見解を承ったが、いったい、善神・聖人が国を捨て去るゆえに災難が並びおこるとは、何の経文に出ているのか、その証拠をお聞かせ願いたい。

語訳

蘭室《らんしつ》　高徳の人の居室の意。香りの高い蘭のある室にいると、その香りが身に染まるように、高徳の人と共にいるといつのまにかその徳に感化を受けるというたとえから出た語。ここでは大聖人にお値いしてとの意。

芳詞《ほうし》　芳《かんば》しい詞《ことば》、すなわち立派なお話の意。

神聖《じんしょう》　善神と聖人。

講義

第二段は、前段に述べられた災難の根本原因についての文証を示すところである。

客は、天下の災難は万民一同の悲しみであれば、一日も早くこれを治せんとして主人の高徳を慕い尋ねてきた。そして蘭室《らんしつ》に入って初めてその芳詞《ほうし》をうけたまわったが、甚《はなは》だ奇異《きい》の感を懐《いだ》いたのである。

それは「世皆正に背き人悉く悪に帰す、故に善神国を捨てて相去り聖人所を辞して還らず、是《ここ》を以って魔来り鬼来り、災起り難起る」との仰せが、いかにも常識をこえ理解し難かったからである。

一国謗法のゆえに諸天善神は国を捨て去り、替《かわ》って魔鬼《まき》が乱入して国土に大災難がおこるとは、大聖人の絶対の御確信であられる。しかし、何が正で何が邪であるか、また人天感応、依正不二等、一念三千の深理を未だ知らぬ客にとっては、このことがいかにも不審《ふしん》であったのである。この客の疑問はまた今日の大衆の疑問でもある。

よってこの大原理をよくよく信解せしむるため、大聖人は客をして問わしめ、次に明らかな文証を示されるのである。

第二章　災難興起の経文の証拠を挙ぐ

一、金光明経を挙ぐ

本文

主人《しゅじん》の曰《いわ》く、其《そ》の文繁《もんはん》多《た》にして其《そ》の証《しょう》弘《ぐ》博《はく》なり。

金光明経《こんこうみょうきょう》に云《いわ》く「其《そ》の国土《こくど》に於《おい》て、此《こ》の経《きょう》有《あ》りと雖《いえど》も未《いま》だ嘗《かつ》て流布《るふ》せしめず、捨離《しゃり》の心《こころ》を生《しょう》じて聴聞《ちょうもん》せん事《こと》を楽《ねが》わず、亦《また》供養《くよう》し尊重《そんちょう》し讃歎《さんたん》せず、四部《しぶ》の衆《しゅう》・持経《じきょう》の人《にん》を見《み》て亦復《またま》た尊重《そんちょう》し乃至《ないし》供養《くよう》すること能《あた》わず、遂《つい》に我等《われら》及《およ》び余《よ》の眷属《けんぞく》無量《むりょう》の諸天《しょてん》をして、此《こ》の甚深《じんじん》の妙法《みょうほう》を聞《き》くことを得《え》ざらしめ、甘露《かんろ》の味《あじ》わいに背《そむ》き、正法《しょうぼう》の流《ながれ》を失《うしな》い、威光《いこう》及《お》以《よ》び勢力《せいりき》有《あ》ること無《な》からしむ。悪趣《あくしゅ》を増長《ぞうちょう》し人《にん》天《でん》を損減《そんげん》し、生死《しょうじ》の河《かわ》に墜《お》ちて涅槃《ねはん》の路《みち》に乖《そむ》かん。世尊《せそん》、我等《われら》四王《しおう》並《なら》びに諸《もろもろ》の眷属《けんぞく》及《およ》び薬叉《やしゃ》等《とう》、斯《か》くの如《ごと》き事《こと》を見《み》て其《そ》の国土《こくど》を捨《す》てて擁護《おうご》の心《こころ》無《な》けん、但《た》だ我等《われら》のみ是《こ》の王《おう》を捨棄《しゃき》するに非《あら》ず、必《かなら》ず無量《むりょう》の国土《こくど》を守護《しゅご》する諸大善神《しょだいぜんじん》有《あ》らんも皆悉《みなことごと》く捨去《しゃこ》せん。既《すで》に捨離《しゃり》し已《おわ》りなば、其《そ》の国当《くにまさ》に種種《しゅじゅ》の災禍《さいか》有《あ》りて国位《こくい》を喪失《そうしつ》すべし。一切《いっさい》の人衆《にんしゅう》皆《みな》善心《ぜんしん》無《な》く、唯《ただ》繫縛《けいばく》・殺害《せつがい》・瞋諍《しんじょう》のみ有《あ》つて互《たがい》に相《あ》い讒諂《ざんてん》し、枉《ま》げて辜《つみ》無《な》きに及《およ》ばん。疫病流行《やくびょうりゅうこう》し、彗星《すいせい》数《しばし》ば出《い》で、両日《りょうじつ》並《なら》び現《げん》じ、

薄蝕《はくしょく》恒《つね》無《な》く、黒白《こくびゃく》の二《に》虹《こう》不祥《ふしょう》の相《そう》を表《あら》わし、星《ほし》流《なが》れ地《ち》動《うご》き、井《い》の内《うち》に声《こえ》を発《はっ》し、暴雨《ぼうう》悪風《あくふう》時節《じせつ》に依《よ》らず、常《つね》に飢饉《ききん》に遭《あ》いて苗実《みょうじつ》成《みの》らず、多《おお》く他方《たほう》の怨賊《おんぞく》有《あ》りて国内《こくない》を侵掠《しんりゃく》し、人民《じんみん》諸《もろもろ》の苦悩《くのう》を受《う》け土地《とち》として所楽《しょらく》の処《ところ》有《あ》ること無《な》けん」已上。

通釈

主人のいわく。

一切経の中にその文証は数えきれないほど多くある。まず金光明経にいわく。

四大天王が釈尊に申し上げていうには「その国土（日本国）において、たとえ此の経（本門の本尊）があっても、国王がそれを流布せしめず、また自ら受持しないだけでなく、捨離の心を起こして聞こうともせず、また身に供養することも、意《こころ》に尊重することも、口に讃歎《さんたん》することもせず、文底受持《もんていじゅじ》の行者《ぎょうじゃ》（日蓮大聖人および弟子檀那）を見ても尊重も供養もしない。このため、ついに我ら（四天王）および無量の諸天をして甚深《じんじん》の妙法（三大秘法の妙法）を聞かしめず、ゆえに諸天は甘露《かんろ》の味わい（三大秘法の食味）に飢《う》え、正法の流れ（三大秘法の水流）に渇《かっ》し、威光《いこう》および勢力《せりき》がなくなってしまう。その結果、国には四悪道《しあくどう》（地獄・餓鬼・畜生・修羅）が増長し、人界・天界の楽しみは損減《そんげん》し、六道生死《しょうじ》の苦に堕《お》ちて、四聖《ししょう》の道に背《そむ》いてしまうのである。

世尊《せそん》よ、我ら四天王ならびに諸《もろもろ》の眷属《けんぞく》および薬叉《やしゃ》等は、かくの如きこと、すなわち〝国王が三大秘法を流布せしめない〟等の謗法を見て、その国土を捨てて擁護《おうご》する心がなくなってしまう。ただ我ら四天王が捨て去るだけでなく、必ず無量の国土を守護する諸天善神も皆ことごとく捨て去るであろう。

すでに諸天善神が捨離《しゃり》しおわるならば、その国には種々の災禍《さいか》が起こり、まさに国位を喪《そう》失するであろう。一切の人衆は皆善心がなくなり、ただ縛《しば》り合い、殺し合い、瞋《いか》り争うことばかりで、互いに讒言《ざんげん》し合い、辜《つみ》のない者を無理に罪におとし入れるであろう。そして疫病《やくびょう》は流行し、大火・兵乱の悪瑞《あくずい》たる彗星はしばしば現われ、二つの太陽が並び出たり、日月の薄蝕《はくしょく》が不規則にあらわれたり、あるいは黒白の二虹《にこう》が出て不祥《ふしょう》の相を示し、流星は飛び、大地震は起き、井戸の中に地鳴りを生じ、時節はずれの暴雨・悪風が多く、常に飢饉が続いて苗《なえ》も実《み》も成育しなくなる。また他国の怨賊《おんぞく》が国内を侵掠《しんりゃく》し、人民は諸の苦悩を受け、安楽に生活できるところは国中どこにもなくなってしまうであろう。

語訳

繁多《はんた》　非常にたくさんあるという意。

其の証弘博《ぐはく》なり　その文証は一切経中のいたるところにあるとの意。

此の経　附文の辺では金光明経、元意は三大秘法の随一

・本門戒壇の大御本尊のこと。

捨離の心を生じて　正しい仏法を捨てて離れる意。この文は国王が捨離の心を生じたと解釈すべきである。

四部《しぶ》の衆《しゅう》　比丘《びく》・比丘尼《びくに》・優婆塞《うばそく》・優婆夷《うばい》の四衆のこと。比丘とは僧、比丘尼とは尼僧、優婆塞とは男の信者、優婆夷とは女の信者。

持経の人　正法を信じ持つ人。元意は、総じては大聖人の弟子檀那、別しては日蓮大聖人の御事である。

我等　帝釈天王を中心として世界の東西南北を守る四天王のこと。

甚深《じんじん》の妙法　一往は金光明経をさすが、再往は末法下種の三大秘法のこと。

甘露の味わいに背き　諸天善神が正法の食味に飢えること。三大秘法の題目を唱える者がないので、その食味に飢えていることをいう。

正法の流《ながれ》を失い　諸天が唯一の正法である三大秘法の水流を得ず、渇《かつ》すること。

威光《いこう》及《およ》び勢力《せいりき》有ること無からしむ　諸天善神の生命力が衰え、国土及び民衆を守護する力を失なうこと。

悪趣《あくしゅ》　地獄・餓鬼・畜生・修羅の四悪道のこと。

人天《にんでん》を損減《そんげん》し　人界・天界の果報を損ない減ずること。

生死《しょうじ》の河　地獄界から天界までの輪廻《りんね》の生活。

涅槃《ねはん》の路《みち》　仏界に至る道。

国位を喪失　国主の地位を失なうこと。

繋縛《けいばく》　逮捕《たいほ》すること。

瞋諍《しんじょう》　瞋《いか》り争うこと。

讒諂《ざんてん》　他人を讒言《ざんげん》して罪に陥《おとしい》れ、自分はへつらってよく思われようとすること。

枉《ま》げて辜《つみ》無きに及ばん　法を曲げて、罪のない者まで罰すること。

彗星《すいせい》　ほうき星のこと。日寛上人の文段には「大火・兵乱の悪瑞なり」とある。

両日並び現じ　二つ以上の太陽が並んで現われる現象。一つは実物、他は幻日である。悪瑞といわれる。

薄《はく》蝕《しょく》恒《つね》無く　日月の異変。「薄」とは太陽や月の光が薄くなること。「蝕」とは日蝕や月蝕のこと。「恒無く」とは日蝕・月蝕が不定期に起こること。

黒白《こくびゃく》の二虹《にこう》　七色の虹でなく、黒や白の虹が出ること。革命や戦乱の前兆とされている。

地動き　地震や地すべり等をいう。

井の内に声を発し　地震等により、井戸の中から不気味な音を発することがある。

講義

これより「神聖去り辞し、災難並び起る」との大原理を客に信ぜしむるため、経文の証拠をお示しになるのである。一切経のいたるところにその文証はあるが、別して金光明経《こんこうみょうきょう》・大集経《だいしっきょう》・仁王経《にんのうきょう》・薬師経《やくしきょう》の四経を挙げ給うておられる。

初めに金光明経。およそ経文の意味合いを理解するのに、附文《ふもん》と元意《がんい》ということがある。附文とは文の表面上の意味で、元意とは文の奥にある究極の意である。

もし、附文の立場でこの金光明経を読めば「其の国土に於て此の経有りと雖も」等の文は、〝世界の国々でこの金光明経があっても〟等となるが、大聖人がここに引証されたのはそのような附文の意ではない。実に文底の元意によりこの金光明経を読む時、始めて聖意を拝し得るのである。

「其の国土に於て此の経有りと雖も……勢力有ること無からしむ」

いま、日寛上人の御指南により、文底の元意に約してこの文を読めば、次のごとくなる。

「其の国土に於て」とは、日本国である。「此の経有りと雖も」とは、本門の本尊・妙法蓮華経の五字、別しては本門戒壇の大御本尊のことである。「未だ嘗《かつ》て流布せしめず」とは、国王がいまだ一閻浮提に広宣流布せしめないことである。顕仏未来記の「本門の本尊・妙法蓮華経の五字を以って、閻浮提に広宣流布せしめんか」云々の文を思い合わすべきである。ただ受持しないだけではない、剰《あまつさ》え捨離の心を生じ、聴聞することを楽《ねが》わない。また身に供養せず、意《こころ》に尊重せず、口に讃歎せず、文底受持の行者を見ても尊重・讃歎・供養をしない。ために諸天をして三大秘法の妙法を聞くことを得さしめず、ゆえに諸天は三大秘法の食味《しょくみ》に飢《う》え、三大秘法の水流に渇《かっ》し、威光勢力《いこうせいりき》がなくなるのであると。

この諸天の威光勢力を増すのは三大秘法の法味以外にない。ゆえに日寛上人は

「学者まさに知るべし、日本国中皆すでに毒薬邪法《どくやくじゃほう》の飲食《おんじき》なり、諸天何んぞこれを受けんや、ただ我が文底甚秘《もんていじんぴ》の大法のみ無上の甘露正法《かんろしょうぼう》なり、もしこれを供養せざれば諸天の威光如何《いか》ん、すべからくこの意を了《りょう》すべし、あえて懈《おこ》たることなかれ」

と御指南されている。早朝勤行における天拝《てんぱい》の意はまさにここにある。

「世尊、我等四王並びに諸の眷属及び薬叉《やしゃ》等、斯《か》くの如き事を見て其の国土を捨てて擁護の心無けん、但だ我等のみ是の王を捨棄するに非ず、必ず無量の国土を守護する諸大善神有らんも皆悉く捨去せん」

この文は、本宗に立てるところの「神天上《かみてんじょう》」という法門の出処《しゅっしょ》・文証《もんしょう》である。大聖人は諸抄に「神天

上」を仰せ給うも、みなこの経文を依拠《えきょ》とされている。

日興上人の遺誡置文《ゆいかいおきもん》には

「檀那《だんな》の社参物詣《しゃさんものもうで》を禁ずべし。いかに況んや其の器《うつわ》にして、一見《いっけん》と称して謗法を致せる悪鬼乱入の寺《じ》社《しゃ》に詣《もう》ずべけんや、返す返すも口惜しき次第なり。是れ全く己義《こぎ》に非ず、経文・御抄等に任《まか》す云々」

とあるが、「経文」とはこの文を指す。本宗では謗法の神社・仏閣への参詣を堅く禁じているが、その趣旨《しゅし》は全くこの金光明経の文ならびに立正安国論の御聖意による。

たとえ天照太神・八幡大菩薩を祀《まつ》る神社であっても参詣しないのは、天照・八幡を軽んずるからではない、天照・八幡はすでに国を去り、替《かわ》ってそこには悪鬼が乱入しているからに他《ほか》ならない。ただし広宣流布の日には、天照太神・八幡大菩薩等の諸天善神はこの国に再び還住するのである。

「斯《か》くの如き事を見て」等とは、国主が三大秘法を流布せしめず等のことを見て、諸天善神は国を捨て去るということである。

諸天善神について

さて、ここで諸天善神について論じて見る。

諸天とは大梵天王《だいぼんてんのう》・帝釈天王《たいしゃくてんのう》・大日天王《だいにってんのう》・大月天王《だいがってんのう》等の天上界の衆生である。大宇宙は一大生命体であり、それ自体十界を具えている。その中で我々は人間界であり、犬・猫等は畜生界、諸天はまさしく天界である。諸天は正しい仏法を守護する功徳により、天上界の果報を得ているのである。諸天の中で三光天子《さんこうてんじ》（大日天子《だいにってんじ》・大月天子《だいがってんじ》・大明星天子《だいみょうじょうてんじ》）以外は人の眼には見えないが、その働きは厳として存在している。

次に善神とは、日本においては天照太神・八幡大菩薩等を指す。仏法における神とは、キリスト教の天地創造の神とは全く異る。すなわち皇室の祖先等、実在の国主の崩御《ほうぎょ》せるを、生けるがごとく崇《あが》めたものである。

ゆえに神国王御書《しんこくおうごしょ》には

「神と申すは又国国の国主等の崩去《ほうぎょ》し給えるを生身《しょうしん》のごとくあがめ給う、此れ又国主・国人のための父母なり、主君なり、師匠なり、片時もそむかば国安穏なるべからず」

と仰せである。

ちなみに云えば、天照太神は皇室の先祖、また八幡大菩薩とは十六代応神《おうじん》天皇のことで、法華経の行者と正直の国王を百代にわたって守ることを誓っている。

それでは、これら日本の神がなにゆえ仏法と関《かか》わりを持つかといえば、実に天照太神・八幡大菩薩は釈尊の垂迹なのである。日本は仏法有縁の国、なかんずく三大秘法有縁の妙国である。よって三大秘法を守護すべく、あらかじめ日本の王法（国主）として釈尊が垂迹し出現したのが神なのである。

ゆえに日眼女抄には

第二段　災難興起についての経証を示す

「天照太神・八幡大菩薩も其の本地は教主釈尊なり」

と仰せられ、また産湯《うぶゆ》相承事《そうじょうのこと》には

「久遠下種の南無妙法蓮華経の守護神の、我国に天下り始めし国は出雲《いづも》なり、出雲に日《ひ》の御崎《みさき》と云う所あり、天照太神始めて天下り給う故に日の御崎と申すなり」

と仰せられている。

このことがしっかり肚に入れば、日興上人が国立戒壇建立の時は王城（皇居）も富士に立てるべしとして

「なかんずく仏法と王法と本源《ほんげん》躰一《たいいつ》なり、居処《こしょ》随って相離《あいはな》るべからざるか、……尤《もっと》も本門寺と王城と一所なるべき由《よし》、且《かつ》は往古《おうこ》の佳例《かれい》なり、且《かつ》は日蓮大聖人の本願の所なり」（富士一跡門徒存知事）

と仰せられたことが実感を以って胸に迫ろう。日本本有《ほんぬ》の王法と下種仏法の　大事因縁、王仏冥合の究極の深意は、まさにここに存するのである。

さて、諸天も善神も、つきつめればその働きは全く同じである。よって、諸天善神とは〝大宇宙に厳然と具《そな》わる仏法守護の働き〟と理解すればよい。

大宇宙にはこの反対の存在、すなわち仏法を破壊せんとする働きもある。これを魔と呼ぶ、そのもっとも強力なのを第六天の魔王という。

諸天善神の存在を一般世人はなかなか理解できないであろう。しかし現証を見てはこれを信ずべきである。

第二段　災難興起についての経証を示す

日蓮大聖人は、龍の口の頸《くび》の座に臨《のぞ》まれる直前、鎌倉の八幡宮の前に馬を止めさせ、大高声《だいこうしょう》を以って八幡大菩薩の怠慢《たいまん》をお叱りになられた。

「いかに八幡大菩薩はまことの神か、和気清丸《わけのきよまろ》が頸《くび》を刎《はね》られんとせし時は長《たけ》一丈の月と顕われさせ給い、伝教大師の法華経をかうぜさせ給いし時はむらさきの袈裟《けさ》を御布施にさづけさせ給いき。今日蓮は日本第一の法華経の行者なり、其の上身に一分のあやまちなし、日本国の一切衆生の法華経を謗《ぼう》じて無《む》間大城《げんだいじょう》におつべきをたすけんがために申す法門なり。又大蒙古国よりこの国をせむるならば、天照太神・正八幡とても安穏におわすべきか。其の上釈迦仏・法華経を説き給いしかば、多宝仏・十方の諸仏・菩薩あつまりて、日と日と、月と月と、星と星と、鏡と鏡とをならべたるがごとくなりし時、無量の諸天並びに天竺・漢土・日本国等の善神・聖人あつまりたりし時、各各《おのおの》法華経の行者にをろかなるまじき由の誓状まいらせよとせめられしかば、一一に御誓状を立てられしぞかし。さるにては日蓮が申すまでもなし、いそぎいそぎこそ誓状の宿願をとげさせ給うべきに、いかに此の処にはをちあわせ給はぬぞと、たかだかと申す。さて最後には、日蓮今夜頸切られて霊山浄土へまいりてあらん時は、まづ天照太神・正八幡こそ起請《きしょう》を用いぬかみにて候いけれと、さしきりて教主釈尊に申し上げ候はんずるぞ、いたしとおぼさば、いそぎいそぎ御計らいあるべし」（下種本仏成道御書）と。

そして間もなく、絶体絶命の頸の座にお坐わりになられた。だがその時、思議を絶する現象が起きた。江の島の方角から、月のような光りものが突如《とつじょ》としてあらわれ、ために太刀《たち》取《と》りは眼がくらんで倒れ、警護の兵士たちはみなおじ恐れ、逃げだす者、馬からおりてかしこまる者、馬上にてうずくまる者、誰一人として大聖人のそばに近寄る者はなく、ただ大聖人御一人、〝夜が明ければ見苦しいから、早く切れ〟と仰せられたのである。

考えてもみよ。偶然でこのようなことが果して起きようか。さきの八幡大菩薩を強く責められたお言葉を思い合わせれば、これが諸天善神の働きたること一点の疑う余地もない。

またその翌日、依智《えち》の本間六郎左衛門の邸《やしき》の大庭において、月に向って大聖人が自我偈《じがげ》を読み、説法をされるや、明星《みょうじょう》が下り、これを見て数十人の兵士が驚いて縁より飛びおり庭にひれふすという奇瑞《きずい》があった。

これらについて大聖人は四条金吾殿御消息に次のごとく仰せられている。

「三光天子《さんこうてんじ》の中に、月天子《がってんじ》は光物《ひかりもの》とあらはれ竜口の頸をたすけ、明星天子《みょうじょうてんじ》は四五日已前《いぜん》に下りて日蓮に見参し給ふ、いま日天子ばかりのこり給ふ、定めて守護あるべきかとたのもしたのもし」と。

また、生きて帰る者なき佐渡に御流罪のおりも、大聖人は、諸天に命じて帰る旨を断言遊ばされていた。すなわち佐渡で入信した最蓮房に対し、次のような約束をされている。

「余りにうれしく候へば契約一つ申し候はん、貴辺《きへん》の御勘気疾疾許《ごかんきとくとくゆり》させ給いて都へ御上り候はば、日蓮も鎌倉殿はゆるさじとの給ひ候とも、諸天等に申して鎌倉に帰り、京都へ音信《おとずれ》申す可く候。又日蓮先立つてゆり候いて鎌倉へ帰り候はば、貴辺をも天に申して古京《こきょう》へ帰し奉る可く候」（最蓮房御返事）と。

「諸天等に申して」「天に申して」とあるに注意すべきである。果せるかな、このご契約は少しも違わず、その翌々年の三月、大聖人は鎌倉にお帰りになり、またその翌年最蓮房も赦免《しゃめん》を蒙《こうむ》ったのである。

これらはみな「諸天昼夜常為法故而衛護之《しょてんちゅうやじょういほうこにえごし》」の経文に違《たが》わず、諸天善神が常に影の身に従うごとく法華経の行者日蓮大聖人を守護申し上げた現証でなくて何んであろうか。

第二段　災難興起についての経証を示す

ただし、諸天の守護について共業《くごう》と別感《べっかん》ということがある。謗法の国土に住すれば、たとえ正法を持つ者といえども、謗法者と諸共《もろとも》に諸天の擁護《おうご》を蒙《こうむ》らずに共に災を感ずる。これを共業《くごう》という。開目抄の「謗法の世をば守護神すて去り諸天まほるべからず、かるがゆへに正法を行ずるものにしるしなし、還《かえ》って大難に値うべし。金光明経に云く『善業《ぜんごう》を修する者は日日に衰滅《すいげん》す』等云々、悪国・悪時これなり。具《つぶ》さには立正安国論にかんがへたるがごとし」の仰せがこれである。

別感とは、諫暁八幡抄の

「此の大菩薩は宝殿《ほうでん》をやきて天にのぼり給うとも、法華経の行者日本国に有るならば、其の所に栖《す》み給うべし。法華経の第五に云く『諸天昼夜常為法故而衛護之《しょてんちゅうやじょういほうこにえごし》』、経文の如くんば、南無妙法蓮華経と申す人をば大梵天・帝釈・日月・四天等昼夜に守護すべしと見えたり」

の仰せのごとく、たとえ謗法の国土に住していても、大聖人のごとき不惜身命の正法の大行者あらば、諸天善神は別してこの国に来臨《らいりん》影響《ようごう》して、守護することをいうのである。ただし、これら別感の守護は、みな実《まこと》の不惜身命の行者の上に論ずるところの法門で、信力微弱の者の及ぶべきところではない。

二、大集経を挙ぐ

本文

大集経《だいしっきょう》に云《いわ》く「仏法《ぶっぽう》実《じつ》に隠没《おんもつ》せば、鬚髪爪《しゅほっそう》皆長《みなwhile》く、諸法《しょほう》も亦《また》忘失《もうしつ》せん。当《そ》の時《とき》虚空《こくう》の中《なか》に大《おお》いなる声《こえ》ありて地《ち》を震《ふる》い、一切《いっさい》皆遍《みなあまね》く動《どう》ぜんこと猶《なお》水上輪《すいじょうりん》の如《ごと》くならん、城壁《じょうへき》破《やぶ》れ落《お》ち下《くだ》り、屋宇《おくう》悉《ことごと》く圮《やぶ》れ坼《さ》け、樹林《じゅりん》の根《こん》・枝《し》・葉《よう》・華葉《けよう》・菓《か》・薬《やく》尽《つ》きん、唯浄居天《ただじょうこてん》を除《のぞ》きて欲界《よくかい》一切処《いっさいしょ》の七味《しちみ》三精気《さんしょうけ》損減《そんげん》して余《あま》り有《あ》ること

無《な》けん、解《げ》脱《だつ》の諸《もろもろ》の善《ぜん》論《ろん》当《そ》の時《とき》一《いっ》切《さい》尽《つ》きん、生《しょう》ずる所《ところ》の華《け》菓《か》の味《あじわ》い希《け》少《しょう》にして亦《また》美《うま》からず、諸《しょ》有《う》の井《せい》泉《せん》池《ち》一《いっ》切《さい》尽《ことごと》く枯《こ》涸《かつ》し、土《と》地《ち》悉《ことごと》く鹹《かん》鹵《ろ》し敵《てき》裂《れつ》して丘《く》澗《けん》と成《な》らん、諸《しょ》山《せん》皆《みな》燋《しょう》燃《ねん》して天《てん》竜《りゅう》雨《あめ》を降《ふ》らさず、苗《みょう》稼《け》皆《みな》枯《こ》死《し》し、生《しょう》ずる者《もの》皆《みな》死《か》れ尽《つ》くして余《よ》草《そう》更《さら》に生《しょう》ぜず、土《つち》を雨《ふ》らし皆《みな》昏《こん》闇《あん》にして、日《にち》月《がつ》明《みょう》を現《げん》ぜず、四《し》方《ほう》皆《みな》亢《こう》旱《かん》し、数《しばし》ば諸《もろもろ》の悪《あく》瑞《ずい》を現《げん》じ、十《じゅう》不《ふ》善《ぜん》の業《ごう》道《どう》・貪《とん》瞋《じん》癡《ち》倍《ばい》増《ぞう》して、衆《しゅ》生《じょう》の父《ふ》母《も》に於《お》ける之《これ》を観《み》ること獐《しょう》鹿《ろく》の如《ごと》くならん。衆《しゅ》生《じょう》及《およ》び寿《じゅ》命《みょう》・色《しき》力《りき》・威《い》楽《らく》減《げん》じ、人《にん》天《でん》の楽《たのし》みを遠《おん》離《り》し、皆《みな》悉《ことごと》く悪《あく》道《どう》に堕《だ》せん、是《か》くの如《ごと》き不《ふ》善《ぜん》業《ごう》の悪《あく》王《おう》悪《あく》比《び》丘《く》、我《わ》が正《しょう》法《ぼう》を毀《き》壊《え》し天《てん》人《にん》の道《どう》を損《そん》減《げん》し、諸《しょ》天《てん》善《ぜん》神《じん》王《おう》の衆《しゅ》生《じょう》を悲《ひ》愍《みん》する者《もの》、此《こ》の濁《じょく》悪《あく》の国《くに》を棄《す》てて皆《みな》悉《ことごと》く余《よ》方《ほう》に向《むか》わん」已上。

通釈

大集経にいわく。

正しい仏法が一国社会から隠没すれば、人々のひげ・かみ・爪《つめ》は皆だらしなく伸び、貪《とん》・瞋《じん》・癡《ち》の三毒は強盛となり、世間の道徳や国法も乱れてくるであろう。

その時、空中に大きな声があって大地震がおこり、地上のすべてのものがあたかも水車のように動転しよう。城壁は破れ落ち、家々はみな破れさけ、また樹木の根・枝・葉・華葉（花びら）・菓の薬が失せてしまうであろう。ただ天界の浄居天《じょうごてん》を除いて、欲界の一切の七味《しちみ》・三精気《さんしょうけ》は損減してなくなってしまう。また社会を指導するもろもろの善論も、その時には一切失われよう。生ずるところの華菓《けか》の味も美《うま》くなく、すべての井戸や泉や池はことごとく乾《かわ》き、土地はみな荒地となり、地割れがしてでこぼこになるであろう。諸山はみな焼けて雨は降らず、稲の苗は枯れ、生ずる植物も皆枯死《こし》し、余草も一切生じない。

大風が土を巻き上げて降らし、空は暗くなって日月の光も消されてしまう。四方はみな日照りでからからになり、もろもろの悪瑞《あくずい》が現われ、十不善業《じゅうふぜんごう》、とりわけ貪・瞋・癡が倍増して、人々は自分の父母を見ること、あたかも猟師《りょうし》が獐鹿《しょうろく》を見るごとくで、父母を殺害するようなことも起きる。衆生の生命力は衰え、寿命も体力も威楽《いらく》も減《へ》り、人天《にんでん》の楽から遠ざかり、皆ことごとく悪道におちるであろう。

このような不善業の悪王・悪僧が、我が正法を破壊し、天上界・人間界の道を損減する。ために衆生を憫《あわ》れむべき諸天善神は、この濁悪の国を捨てて皆ことごとく余方《よほう》に行ってしまうのである。

語訳

大集経《だいしっきょう》　方等部に属する経典。引用の文は大集月《がつ》蔵《ぞう》経《きょう》法《ほう》滅《めつ》尽《じん》品《ぼん》の一節。

鬚《しゅ》髪《ほっ》爪《そう》皆長く　鬚《しゅ》は「ひげ」、髪《ほっ》は「かみ」、爪《そう》は「つめ」のことで、これらをだらしなく伸ばすことは、風俗が乱れ、礼儀が廃《すた》れることを示す。ここでは貪《どん》瞋《じん》癡《ち》の三毒強盛なるを表わす。すなわち髪の長いのは貪欲をあらわし、爪の長いのは瞋《いか》りをあらわし、鬚の長いのは愚癡をあらわす。

諸法も亦《また》忘《もう》失《しつ》せん　正法が隠《おん》没《もつ》すると、世間の道徳・規律などの節度も失なわれるとの意。

大《おお》いなる声ありて地を震《ふる》い　大地震の時には不気味な轟《ごう》音《おん》が響《ひび》いて大地がゆれる。

水《すい》上《じょう》輪《りん》　水車のこと。ここでは大地震の時大地がゆれるさまは水車のごとくであるとの意。

樹林の根《こん》・枝《し》・葉《よう》・華《け》葉《よう》・菓《か》・薬《やく》尽きん　華《け》葉《よう》とは華中の葉すなわち花びらのことで、枝葉の葉ではない。樹林の根・枝等から薬が抽《ちゅう》出《しゅつ》されるが、この薬味の成分が一切の草木から失《う》せてしまうこと。

浄《じょう》居《こ》天《てん》　色界の十七天の中で最後の五天（無《む》煩《ぼん》天・無《む》熱《ねつ》天・善《ぜん》見《けん》天・善《ぜん》現《げん》天・色《しき》究《く》竟《きょう》天）のことをさす。天上界も人間界と同じく法滅の禍を受けるが、果報の高い天界の衆生が住んでいるこの浄居天だけは除かれるのである。

欲界　欲望の世界。すなわち六道の中には地獄・餓鬼・畜生・修羅・人間ならびに天上界の中の六欲天（四王天・忉《とう》利《り》天・夜《や》摩《ま》天・兜《と》率《そつ》天・化《け》楽《らく》天・他《た》化《け》自《じ》在《ざい》天）をさす。

七味　甘い、辛《から》い、すっぱい、苦《にが》い、しおからい、渋い、淡《あわ》いの七種の味。日寛上人の文段には「甘・辛《しん》・酢《さく》・苦《く》・鹹《かん》・渋《じゅう》・淡《たん》、これを七味と謂《い》う云云」とある。

三《さん》精《しょう》気《け》　地精気・衆生精気・法精気のこと。精気とは生命力。すなわち地精気とは五穀草木を繁茂させる大地の生命力、衆生精気とは社会大衆の生命力、法精気とは仏法の力である。

解《げ》脱《だつ》の諸《もろもろ》の善《ぜん》論《ろん》　解脱とは、煩悩の束縛から脱して安穏な境界に達すること。「解脱の諸の善論」とは、ここでは幸福になるための世間・出世間のさまざまなよい教えのこと。

希少《けしょう》にして亦美《またうま》からず　天変地夭の時には、花・菓・果実等はあまり熟《な》らない上に、味が悪いことをさす。

鹹鹵《かんろ》　塩分が強くて作物ができない不毛の地のこと。

敵裂《てきれつ》　裂《さ》けて割目ができること。

丘澗《くけん》　丘は小高い丘、澗《けん》は山と山とにはさまれた谷川のこと。すなわち丘澗とは大地に高下ができることを意味する。

諸山皆燋燃《しょうねん》して　あらゆる山が異常乾燥によって山火事を起こすこと。

天竜《てんりゅう》雨を降《ふ》らさず　天・竜共に天界の衆生で、天は天神、竜は竜神で竜王およびその部衆をいう。四天王の眷族で雨を司《つかさど》るとされた。

苗稼《みょうけ》　穀物の苗のこと。

土を雨らし　雨が降らずに、風によって巻き起こされた土が雨のように落ちること。

昏闇《こんあん》　昏とは太陽が隠れ暗くなること。闇《あん》はやみ。すなわち風で舞い上がった土が空をおおい、地上が真暗になること。

亢旱《こうかん》　干ばつのこと。

十不善《じゅうふぜん》の業道《ごうどう》　十種類の悪の業因のこと。すなわち殺生《せっしょう》・偸盗《ちゅうとう》・邪淫《じゃいん》の身業の三悪と、妄語《もうご》（嘘をつく）・綺《き》語《ご》（巧みに飾り立てた語）・悪口《あっく》（人のわるくちをいう）・両舌《りょうぜつ》（二枚舌を使う）の口業の四悪と、貪・瞋・癡の意業の三悪である。

之を観ること獐鹿《しょうろく》の如くならん　獐鹿とは鹿の一種。人々の貪欲《とんよく》・瞋恚《しんに》・愚癡《ぐち》が強くなることにより、孝養の心は全く失せ、父母を見ることあたかも猟師が鹿を見るごとくになり、欲望や怒りにまかせて父母を害することも起こるをいう。

色力《しきりき》　体力のこと。

威楽《いらく》減じ　生命力が衰え、はつらつさを失ない、楽しみがなくなること。

濁悪《じょくあく》　五濁悪世《ごじょくあくせ》の略。五濁とは劫濁《こうじょく》・煩悩濁《ぼんのうじょく》・衆生濁《しゅじょうじょく》・見濁《けんじょく》・命濁《みょうじょく》である。

講義

この大集経を御引きになられる御意は、前の金光明経と全く同じである。もろもろの災難は、不善業の悪王・悪比丘《あくびく》が正法（三大秘法）を毀壊《きえ》し、ために諸天善神がこの濁悪の国を棄てるがゆえである、との御趣旨である。

三、仁王経を挙ぐ

本文

仁王経《にんのうきょう》に云《いわ》く「国土《こくど》乱《みだ》れん時《とき》は先《ま》ず鬼神《きじん》乱《みだ》る、鬼神《きじん》乱《みだ》るるが故《ゆえ》に万民《ばんみん》乱《みだ》る。賊《ぞく》来《きた》りて国《くに》を劫《おびや》かし、百姓《ひゃくしょう》亡喪《もうそう》し、臣《しん》・君《くん》・太子《たいし》・王子《おうじ》・百官《ひゃくかん》共《とも》に是非《ぜひ》を生《しょう》ぜん。天地《てんち》怪異《けい》し二十八宿《にじゅうはっしゅく》・星道《せいどう》・日月《にちがつ》時《とき》を失《うしな》い度《ど》を失《うしな》い、多《おお》く賊《ぞく》起《おこ》ること有《あ》らん」と。亦《また》云《いわ》く「我《われ》今《いま》五眼《ごげん》をもつて明《あきらか》に三世《さんぜ》を見《み》るに、一切《いっさい》の国王《こくおう》は皆《みな》過去《かこ》の世《よ》に五百《ごひゃく》の仏《ほとけ》に侍《つか》えしに由《よ》つて帝王主《ていおうしゅ》と為《な》ることを得《え》たり。是《ここ》を為《も》つて一切《いっさい》の聖《しょう》

人羅漢《にんらかん》而《しか》も為《ため》に彼《か》の国土《こくど》の中《なか》に来生《らいしょう》して大利益《だいりやく》を作《な》さん。若《も》し王《おう》の福《ふく》尽《つ》きん時《とき》は一切《いっさい》の聖人《しょうにん》皆《みな》為《ため》に捨《す》て去《さ》らん、若《も》し一切《いっさい》の聖人《しょうにん》去《さ》らん時《とき》は七難《しちなん》必《かなら》ず起《おこ》らん」上已。

通釈

仁王経にいわく。

国土が乱れんとする時には先ず鬼神が乱れる。鬼神乱れるがゆえに万民が乱れるのである。そして他国の賊は侵入して国をおびやかし、ために多くの民衆は殺され、所を追われて流浪《るろう》の民となる。国内では臣・君・太子・王子・百官が互いに対立して争うであろう。またその時には天変地夭が起き、二十八宿や星や日月の運行が常軌《じょうき》を逸《いっ》して、速度や高低が乱れ、国内に多くの賊が起こるであろう。

またいわく。仏がいま五眼を以って明らかに過去・現在・未来の三世を見るに、一切の国王は皆過去の世に五百の仏に仕えた功徳によって帝王主《ていおうしゅ》となることができたのである。この功徳のゆえに、一切の聖人や羅漢《らかん》がその帝王の国土に生れ来て大利益をなすのである。しかしもし王が正法に背いて福運が尽きた時には、一切の聖人は皆捨て去るであろう。もしすべての聖人が去る時には七難が必ず起るであろう。

語訳

仁王経《にんのうきょう》　釈尊一代五時のうち般若《はんにゃ》部の結経。

鬼神《きじん》乱る　餓鬼道の中の一種。日女御前御返事には「此の十羅刹女《らせつにょ》は上品《じょうぼん》の鬼神として精気《せいき》を食す。疫病《やくびょう》の大鬼神なり。鬼神に二あり、一には善鬼、二には悪鬼なり。善鬼は法華経の怨《あだ》を食す。悪鬼は法華経の行者を食す」とある。悪鬼は病気を起こしたり、功徳・慧命《えみょう》を奪う働きをする。

百姓亡喪《ひゃくしょうもうそう》し　百姓とは一般民衆のこと。多くの大衆が殺され、また流浪の民となることをいう。

是非《ぜひ》を生ぜん　意見が対立して争いが起こること。

天地怪異《けい》　天変地夭のこと。

二十八宿　中国の天文説で、ほぼ黄道《こうどう》（地球から見て太陽の運行する道）沿いに定めた二十八の星宿（星座）のこと。

星道・日月時を失い度を失い　太陽・月・星の運行速度が乱れたり、軌道がはずれることを意味する。

賊《ぞく》起ること有らん　自界叛逆のこと。

五眼《ごげん》　肉眼《にくげん》・天眼《てんげん》・慧眼《えげん》・法眼《ほうげん》・仏眼《ぶつげん》のこと。肉眼は普通の人間の眼。天眼は天界所具の眼で遠近・昼夜・内外を問わず物事を見ることができる眼。慧眼は二乗の智慧の眼。法眼は菩薩が一切衆生を度するために、法門を照了《しょうりょう》する智慧の眼。仏眼は三世十方の一切の事物を見通す仏の眼。

三世　過去世・現在世・未来世のこと。

羅漢《らかん》　阿羅漢《あらかん》の略で、小乗経を修して得る果位。声聞《しょうもん》の四種の聖果《せいか》の最高位。

七難《しちなん》　仁王経、薬師経、大集経と、経によって多少その内容は異るが、仁王経の七難は、後文に説かれるように、一に日月失度《しつと》難、二に星宿《せいしゅく》失度《しつと》難、三に諸火焚焼《ぼんしょう》難、四に時節《じせつ》返逆《ほんぎゃく》難、五に大風数起難、六に天地亢陽《こうよう》難、七に四方賊来難である。

講義

この仁王経の「国土乱れん時は先ず鬼神乱る、鬼神乱るるが故に万民乱る」とは、災難興起の原理の中の「魔来り鬼来り、災起り難起る」の文証である。

鬼神とは六道の一たる鬼道、すなわち餓鬼界の摂属《しょうぞく》であり、鬼《き》に善鬼《ぜんき》と悪鬼《あっき》がある。悪鬼は「鬼便《きたよ》りを得る」「悪鬼《あっき》其の身に入る」等のごとく、人の生命力を衰えさせ、正法を行ずる者を悩ませ、国土を乱す働きをする。この意味において、魔の働きと同様とみて差し支えない。

また「若し王の福尽きん時は一切の聖人皆為に捨て去らん、若し一切の聖人去らん時は七難必ず起らん」とは「聖人所を辞して還《かえ》らず」の文証である。

いま「聖人去らん時は七難必ず起らん」について深く思うに、大聖人は身命を賭《と》して三たび御諫暁の後は、鎌倉を去って身延に入山あそばされている。そしてその年の秋、蒙古は襲来したのである。

未驚天聴御書《みきょうてんちょうごしょ》の「事《こと》三ヶ度に及ぶ今は諫暁を止むべし、後悔を至すなかれ」の仰せ、また下種本仏成道御書の

「本より期《ご》せし事なれば、三度国をいさめんにもちゐずば国をさるべしと。されば同五月十二日にかまくらをいでて此の山に入る。同十月大蒙古国よせて壱岐《いき》・対馬《つしま》の二箇国を打ち取らるるのみならず、乃至、仁王経には『聖人去る時は七難必ず起る』等云々」

との仰せを思い合わせるに、この一文の元意が拝せるであろう。この経文は、大聖人を境として国に現証あらわれるの明鏡といわねばならない。

ただし大聖人は末法下種の主・師・親にてあらせられる。よって、去って、去り給わず。このゆえに日本も他国侵逼を受け、而して亡びなかったのである。

四、薬師経を挙ぐ

本文

薬師経《やくしきょう》に云《いわ》く「若《も》し刹帝利《せっていり》・灌頂王等《かんちょうおうとう》の災難《さいなん》起《おこ》らん時《とき》、所謂《いわゆる》人衆疾疫《にんしゅうしつえき》の難《なん》、他国侵逼《たこくしんぴつ》の難《なん》、自界叛逆《じかいほんぎゃく》の難《なん》、星宿変怪《せいしゅくへんげ》の難《なん》、日月薄蝕《にちがつはくしょく》の難《なん》、非時風雨《ひじふうう》の難《なん》、過時不雨《かじふう》の難《なん》あらん」上已。

通釈

薬師経にいわく。

もし、刹帝利《せっていり》・灌頂王《かんちょうおう》等、いわゆる国主・為政者等の謗法によって災難が起こる時には、次のような七難がある。すなわち、民衆が大流行病によって悩まされる難、他国から侵逼される難、自国内の反乱の難、星宿が異変を起こす難、日月が薄蝕《はくしょく》する難、季節はずれの暴風雨の難、時が過ぎても雨期に雨が降らぬ難等である。

語訳

薬師経　方等時の説法の一つ。

刹帝利《せっていり》　古代インドの四つの階級の一つで、王族を意味する。

灌頂王《かんちょうおう》　大国の王のこと。古代インドでは、大国の王が位に登る時に、小国の王や群臣が四大海の水を汲んできて、大王の頭頂にそそいだことからこの名がある。

人衆疾疫《にんしゅうしつえき》の難　悪質の流行病で多くの人々が死ぬ難。

他国侵逼《たこくしんぴつ》の難　他国から侵略される難。

自界叛逆《じかいほんぎゃく》の難　内乱・同士討ちが起こる難。

星宿変怪《せいしゅくへんげ》の難　星の運行に異常が生ずる難。

日月薄蝕《にちがつはくしょく》の難　常ならざる日蝕・月蝕が起こり、また黒点など太陽の光が薄れる難。

非時風雨《ひじふうう》の難　時節はずれの風雨が起こる難。

過時不雨の難　大干ばつのこと。

講義

この七難の経文を鏡として、当時の世相を写し出すに、天変地夭・飢饉《ききん》疫癘《えきれい》はまさしく国主の謗法のゆえであること歴然である。すでに現われている五難を国主に深刻に認識させ、未だ現われざる他国侵逼・自界叛逆の二大災難を後文に強く御予言遊ばす御仏意《ごぶっち》を、よくよく拝すべきである。

五、再び仁王経を引く

本文

仁王経《にんのうきょう》に云《いわ》く「大王《だいおう》吾《わ》が今化《いまけ》する所《ところ》の百億《ひゃくおく》の須弥《しゅみ》、百億《ひゃくおく》の日月《にちがつ》、一一《いちいち》の須弥《しゅみ》に四天下《してんげ》有《あ》り。其《そ》の南閻浮提《なんえんぶだい》に十六《じゅうろく》の大国《たいこく》、五百《ごひゃく》の中国《ちゅうごく》、十千《じっせん》の小国《しょうごく》有《あ》り。其《そ》の国土《こくど》の中《なか》に七《しち》の畏《おそ》るべき難《なん》有《あ》り、一切《いっさい》の国王是《こくおうこれ》を難《なん》と為《な》すが故《ゆえ》に、云何《いか》なる

を難《なん》と為《な》す。日月度《にちがつど》を失《うしな》い、時節返逆《じせつほんぎゃく》し、或《あるい》は赤日出《しゃくにちい》で黒日出《こくにちい》で二三四五《にさんしご》の日《ひ》出《い》で、或《あるい》は日蝕《にっしょく》して光無《ひかりな》く、或《あるい》は日輪《にちりん》一重二三四五重輪《いちじゅうにさんしごじゅうりん》に現《げん》ずるを一《いち》の難《なん》と為《な》すなり。二十八宿度《にじゅうはっしゅくど》を失《うしな》い、金星《きんせい》・彗星《すいせい》・輪星《りんせい》・鬼星《きせい》・火星《かせい》・水星《すいせい》・風星《ふうせい》・刁星《ちょうせい》・南斗《なんじゅ》・北斗《ほくと》・五鎮《ごちん》の大星《たいせい》・一切《いっさい》の国主星《こくしゅせい》・三公星《さんこうせい》・百官星《ひゃくかんせい》、是《か》くの如《ごと》き諸星各各変現《しょせいおのおのへんげん》するを二《に》の難《なん》と為《な》すなり。大火国《たいかくに》を焼《や》き万姓焼尽《ばんしょうしょうじん》せん、或《あるい》は鬼火《きか》・竜火《りゅうか》・天火《てんか》・山神火《さんじんか》・人火《にんか》・樹木火《じゅもくか》・賊火《ぞくか》あらん、是《か》くの如《ごと》く変怪《へんげ》するを三《さん》の難《なん》と為《な》すなり。大水百姓《たいすいひゃくしょう》を漂没《ひょうもつ》し、時節返逆《じせつほんぎゃく》して冬雨《ふゆあめ》ふり夏雪《なつゆき》ふり、冬時《とうじ》に雷《らい》電霹靂《でんへきれき》し、六月《ろくがつ》に氷霜雹《ひょうそうほう》を雨《ふ》らし、赤水《しゃくすい》・黒水《こくすい》・青水《しょうすい》を雨《ふ》らし、土山石山《どせんしゃくせん》を雨《ふ》らし、沙礫石《しゃれきせき》を雨《ふ》らす、江河逆《こうがさかしま》に流《なが》れ山《やま》を浮《うか》べ石《いし》を流《なが》す、是《か》くの如《ごと》く変《へん》ずる時《とき》を四《し》の難《なん》と為《な》すなり。大風万姓《たいふうばんしょう》を吹殺《すいさつ》し、国土《こくど》・山河《さんが》・樹木《じゅもく》一時《いちじ》に滅没《めつもつ》し、非時《ひじ》の大風《たいふう》・黒風《こくふう》・赤風《しゃくふう》・青風《しょうふう》・天風《てんぷう》・地風《ちふう》・火風《かふう》・水風《すいふう》あらん、是《か》くの如《ごと》く変《へん》ずるを五《ご》の難《なん》と為《な》すなり。天地国土亢陽《てんちこくどこうよう》し炎火洞然《えんかどうねん》として百草亢旱《ひゃくそうこうかん》し、五穀登《ごこくみの》

らず、土地《とち》赫燃《かくねん》して万姓《ばんしょう》滅尽《めつじん》せん、是《か》くの如《ごと》く変《へん》ずる時《とき》を六《ろく》の難《なん》と為《な》すなり。四方《しほう》の賊来《ぞくきた》りて国《くに》を侵《おか》し内外《ないげ》の賊起《ぞくおこ》り、火賊《かぞく》・水賊《すいぞく》・風賊《ふうぞく》・鬼賊《きぞく》ありて百姓荒《ひゃくしょうこう》乱《らん》し、刀兵劫起《とうひょうこうおこ》らん、是《か》くの如《ごと》く怪《け》する時《とき》を七《しち》の難《なん》と為《な》すなり」。

通釈

仁王経にいわく。

大王（波斯匿王《はしのく》）よ、自分がいま教化するところの百億の須弥《しゅみ》に百億の日月があり、一一の須弥に四州がある。その中の南閻浮提《なんえんぶだい》に十六の大国、五百の中国、十千の小国があるが、それらの国土の中に七つの恐るべき難がある。すべての国王はこれを難としている。どのようなものを難というのかと云えば、まず太陽や月の運行が異常になり、あるいは高く、あるいは低く、あるいは遅く、あるいは速くなったりする。また寒暑《かんしょ》の季節は逆になり、赤い太陽や黒い太陽が出たり、二・三・四・五の太陽が同時に出たり、あるいは不時の日蝕で光がなくなったり、あるいは太陽のまわりに一重・二・三・四・五重の輪《わ》を現ずるのが一の難である。

二十八宿星の運行が異常になり、金星・彗《すい》星・輪星・鬼星・火星・水星・風星・刁《ちょう》星・南斗《なんじゅ》・北斗《ほくと》・

る。五鎮《ごちん》の大星・一切の国主星・三公星・百官星等、もろもろの星がそれぞれ異常を現わすのを二の難とする。

大火が起こり、国を焼き万民を焼き尽くし、あるいは鬼火《きか》・竜火・天火・山神火・人火・樹木火・賊火が起こるであろう。このように変怪《へんげ》するのを三の難とする。

大水が民衆を押し流し、寒暑の時期が逆になり、冬に雨が降り、夏に雪が降り、また冬に激しい雷が鳴り、六月に氷や霜や雹《ひょう》がふり、赤水・黒水・青水を降らし、土や石が降り積もって山となり、砂や礫《こいし》や石を降らす。また洪水で江河がさかさまに流れ、一面水びたしの中に山だけ残り、石も流れる。このように異変するのを四の難とする。

大風が万民を吹き殺し、国土・山河・樹木が一時に滅没し、時節はずれの大風や、黒風・赤風・青風・天風・地風・火風・水風が吹きまくるであろう。このような異変を五の難とする。

大旱魃《かんばつ》が起きて、天地・国土が乾き熱せられ、炎のような熱い空気が大地から昇り、すべての草は枯れ、五穀は実らず、土地は焼けただれて万民は滅尽するであろう。このように異変する時を六の難とする。

四方から他国の賊が来て国を侵《おか》し、また国内でも賊が起きて内乱となり、火賊・水賊・風賊・鬼賊があって民衆は混乱し、あたかも劫末《こうまつ》におこるような大兵乱が起こるであろう。このような異常が起こる時を七の難とする。

語訳

大王　釈尊在世の舎衛国《しゃえいこく》の王であった波斯匿《はしのく》王のこと。

百億の須弥《しゅみ》・百億の日月《にちがつ》　須弥とは須弥山《しゅみせん》のこと。古代インドの宇宙観で、須弥山を中心に四天下があり、人類はその南閻浮提《なんえんぶだい》に住み、日月もまた須弥山を中心に運行するとしている。

すなわち「百億の須弥・百億の日月」とは、このような世界が宇宙には無数にあるということである。

四天下《してんげ》　須弥山《しゅみせん》の四方にある四州。すなわち東方の弗婆提《ほつばだい》、南方の閻浮提《えんぶだい》、西方の瞿耶尼《くやに》、北方の鬱単越《うつたんのつ》のこと。

南閻浮提《なんえんぶだい》　人間の住する国土で、今日の全世界を意味する。

十六の大国　土地が広く、人口も多い国を大国という。当時インドには、大・中・小の国があり、特に大きい十六の国があった。

日月度を失い　太陽・月の運行が正常でなくなること。日寛上人の文段には「其《そ》の日の行度を失うとは、則《すなわ》ち或は高く、或は低く、或は遅く、或は速《はや》し等なり。所詮、常に異なるなり。二十八宿また復爾《またしか》なり、故に或は非処を出す等なり」とある。

赤日《しゃくにち》　太陽の色が赤く変ずること。

黒日《こくにち》　太陽の色が黒く変ずること。あるいは大黒点等か。

二三四五の日出で　太陽が同時に二、三、四、五と見えること。

日輪《にちりん》一重二三四五重輪　太陽の周囲に二重三重と輪環ができること。

金星　この星に異変が生じると、飢饉などの不祥事が起こるという。

輪星《りんせい》　輪環《りんかん》をもった星。土星のことか。

鬼星《きせい》　二十八宿の一つで南方に居す。

火星　この星の異変は国土の災厄《さいやく》の兆という。

水星　この星の異変は水に関する妖災《ようさい》が起こるとされている。

風星《ふうせい》　配属については明らかではないが、八風を司《つかさど》り、井《ちり》（二十八宿の一つ）に宿れば、必ず風雨の変があるといわれている。

刁星《ちょうせい》　刁星とは、星雲の形が刁《ちょう》（銅羅《どら》の一種）に似ているので名づけられた。

南斗《なんじゅ》　二十八宿の一つで、六星から成る。

北斗《ほくと》　七つの星が斗状《ひしゃく》に並んでいるので北斗七星という。

五鎮の大星《ごちんのたいせい》　太陽系の惑星である木星、火星、金星、水星、土星をいう。

国主星《こくしゅ》　日寛上人の文段には「国主を守る星等なり」とある。

三公星《さんこう》　三公とは、周の制度において王を補佐する太師《たいし》、太傅《たいふ》、太保《たいほ》をいう。北斗の柄の東と魁《ひしゃく》の西とに位置している形が三公を連想させるので名づけられた。

百官星《ひゃっかんせい》　百官とは三公に対する語で、三公星の周囲に九《きゅう》卿《けい》星、上将《じょうしょう》星等百官の名前の星がある。

鬼火《きか》　鬼が衆生を怒って起こす悪火。日寛上人の文段には「鬼火とは、鬼の衆生を瞋《いか》れば悪火夜起る」とある。

竜火《りゅうか》　落雷によって起こる火災のこと。

天火《てんか》　天の怒りによって起こる火災。

山神火《さんじんか》　火山の爆発などによる火災か。

人火《にんか》　人の過失によって起こる火災。

樹木火《じゅもくか》　異常乾燥の時、自然に発火する火災。

賊火《ぞくか》　賊の放火等による火災。

冬時に雷電霹靂《らいでんへきれき》　霹靂《へきれき》とは、激しく盛んに雷鳴すること。冬に猛烈な雷電が起こることは異常な現象である。

赤水《しゃくすい》**・黒水**《こくすい》**・青水**《しょうすい》　砂塵や火山灰などで、雨が赤・黒・青色になること。

江河《こうが》**逆**《さかしま》**に流れ**　大洪水等で河川が逆流すること。

黒風・赤風《しゃくふう》**・青風**《しょうふう》**・天風**《てんぷう》**・地風・火風・水風**　黒風・赤風・青風は、巻き上げた砂塵を運んでくる風。天風・地風とは竜巻・旋風等の類。火風とは乾燥期の熱風、水風とは雨をまじえた強風。日寛上人の文段には「風の黒沙《こくさ》を吹く等なり。実には大風なることを顕わすなり。只これ天に吹き、地に吹き、火に吹き、水に吹く等なるべし」とある。

亢陽《こうよう》　太陽が照り続き土地や大気が熱し切っているさまをいう。

炎火洞然《えんかどうねん》　熱した空気が、炎が燃え上がるように、大地から昇る状態。

百草亢旱《ひゃくそうこうかん》　一切の草が乾燥してしまうこと。

五穀《ごこく》　米・麦・粟《あわ》・黍《きび》・豆の五種の穀物。また穀物の総称。

土地赫燃《かくねん》　大地が高温に熱せられること。

四方の賊　他国侵逼の難をさす。

内外の賊　内とは内親で父方の親類。外とは外戚《がいせき》で母方の姻戚《いんせき》をいう。いわゆる自界叛逆の難をさす。

火賊《かぞく》・水賊《すいぞく》・風賊《ふうぞく》・鬼賊《きぞく》　火賊・水賊・風賊は火災・水害・風害等の災害に乗じて悪事を働く賊。鬼賊とは人さらいのようなものか。日寛上人の文段には「大火・大水・大風の便を伺う賊なり。鬼賊とは或は忽然《こつねん》として人失《にんしつ》等あり。和国の天狗《てんぐ》等の所作の如きか」とある。

刀兵劫起《とうひょうこうおこ》らん　正法誹謗の罪により、劫末の刀兵劫に似た戦乱が起こるとの意。

講義

前の薬師経と同じく七難の文証である。薬師経の七難と、この仁王経の七難は、少異《しょうい》はあるがほぼ同じである。ことに未萠《みぼう》の二難について云えば、仁王経の「四方の賊来りて国を侵し」は薬師経の「他国侵逼の難」に当り、同じく「内外の賊起り云々」は「自界叛逆の難」に当る。

さてここで、日月や星の異変について論ずるに、経文はいずれも日・月・星の異変を大難としている。すなわち金光明経には「彗星数《しばし》ば出で、両日並び現じ、薄蝕恒《つね》無く」とあり、大集経には「日月明を現ぜず」とあり、薬師経には「星宿変怪の難・日月薄蝕の難」とあり、この仁王経には「日月度を失い、乃至二三四五の日出で」とある。

およそ地上の生物で、太陽や月の影響を受けないものはない。いや、生物のすべては日月によってその生命を維持しているのである。人体のもろもろのリズムも日月に支配されている。生物ばかりではない、火山の爆発・地震・気象に至るまで、地球上のすべての現象は日月の影響下に置かれている。かく見れば日月や星の異変が人間社会に重大な影響を及ぼすことはまことに大きい。ゆえにこれを第一の大難とするのである。

ただし世人は、日・月・星が地上に影響を与えることは理解しても、日・月・星が人心により異変することを知らない。

前に述べたように、大宇宙は微妙密接な関係を相互に持つ一大生命体である。その中で日月は天界の生命活動をしている当体である。よって一国人心が地獄を現ずれば、日月はそれに感応し種々の異変を生ずるのである。地獄とは何か、詮じつめて云えば、三大秘法を憎む心強きを名づけて地獄という。

されば法華取要抄には、当時起こった両日の並現《へいげん》、明星の並現、あるいは日月の種々の異変の原因につき、これ大聖人を流罪・死罪に処した一国の謗法のゆえと断じ

「我が門弟之を見て法華経を信用せよ。目を瞋《いか》らして鏡に向え、天瞋《いか》るは人に失《とが》有ればなり。二の日並び出るは一国に二《ふたり》の国王並ぶ相なり、王と王との闘諍なり。星の日月を犯すは臣・王を犯す相なり。日と日と競い出るは四天下一同の諍論《じょうろん》なり。明星並び出るは太子と太子との諍論なり」

と仰せられ、この凶兆が、再往は広宣流布の先兆なることを断定せられている。

まことに一見無関係に見える日・月・星と人心の相関、これを説き切った仏法こそ、まさに宇宙を貫く大法則というべきである。

六、再び大集経を引く

本文

大集経《だいしっきょう》に云《いわ》く「若《も》し国王《こくおう》有《あ》つて無量世《むりょうせ》に於《おい》て施戒恵《せかいえ》を修《しゅう》すとも、我《わ》が法《ほう》の滅《めっ》せんを見《み》て、捨《す》てて擁護《おうご》せずんば、是《か》くの如《ごと》く種《う》ゆる所《ところ》の無量《むりょう》の善根《ぜんこん》悉《ことごと》く皆《みな》滅《めっ》失《しっ》して、其《そ》の国当《くにまさ》に三《さん》の不祥《ふしょう》の事《こと》有《あ》るべし。一《いち》には穀貴《こっき》、二《に》には兵革《ひょうかく》、三《さん》には疫病《やくびょう》なり。一切《いっさい》の善神《ぜんじん》悉《ことごと》く之《これ》を捨離《しゃり》せば、其《そ》の王教令《おうきょうれい》すとも人《ひと》随従《ずいじゅう》せず、常《つね》に隣国《りんごく》の侵嬈《しんにょう》する所《ところ》と為《な》らん、暴火《ぼうか》横《ほしいまま》に起《おこ》り、悪風雨《あくふうう》多《おお》く、暴水《ぼうすい》増長《ぞうちょう》して人民《じんみん》を吹漂《すいひょう》し、内外《ないげ》の親戚《しんせき》其《そ》れ共《とも》に謀叛《むほん》せん、其《そ》の王久《おうひさ》しからずして当《まさ》に重病《じゅうびょう》に遇《あ》い、寿終《じゅじゅう》の後《のち》大地獄《だいじごく》の中《なか》に生《しょう》ずべし、乃至《ないし》王《おう》の如《ごと》く夫人《ぶにん》・太子《たいし》・大臣《だいじん》・城主《じょうしゅ》・柱師《ちゅうし》・郡守《ぐんしゅ》・宰官《さいかん》も亦《また》復《ま》た是《か》くの如《ごと》くならん」已上。

通釈

大集経にいわく。

もし国王があって、過去無量の世において、布施《ふせ》・持戒《じかい》・智慧《ちえ》等の六波羅蜜《ろくはらみつ》の修行をしても、我が正法（三大秘法）の滅せんとするのを見て、捨て置き、守ろうとしなければ、過去世に修行して種《う》えてきた無量の善根はことごとく滅失して、その国にまさに三つの不祥事が起こるであろう。一には穀貴《こくき》・二には兵革《ひょうかく》・三には疫病《やくびょう》である。

そして、このような時には一切の善神もことごとくその国土を捨て去るから、その王が教令しても国民は随従せず、また常に隣国の侵略を受けるであろう。大火災はほしいままに起こり、悪風雨が多く、大洪水は人民を押し流し、王の内外の親戚も謀叛《むほん》をするであろう。そして、その王も間もなく重病に遇《あ》い、命おわって後、大地獄の中に生ずるであろう。王のごとく、夫人・太子・大臣・城主・柱師・郡守・宰官もまたまた同じような運命になるであろう。

語訳

大集経《だいしつきょう》に云く　大集経虚空目分中護法品《こくうもくぶんちゅうごほうぼん》第九の文。日寛上人の文段には「第二十五十四紙に出たり、これ肝要の文なり」とある。

無量世《むりょうせ》　生まれてから死ぬまでの一生を一世という。無量世とは、この生死を無量に重ねること。

施戒恵《せかいえ》　六波羅蜜《ろくはらみつ》の修行の中の、布施《ふせ》・持戒《じかい》・智恵《ちえ》のこと。

穀貴《こっき》　ききん等により穀物の値段が騰貴すること。今日に当てはめれば経済変動・経済崩壊を指す。

兵革《ひょうかく》　戦争のこと。

疫病《やくびょう》　悪質な流行病が広く蔓延すること。

教令　命令・教化の意。

侵嬈《しんにょう》　他国に攻め込み、思うままに振舞うこと。

暴火横《ぼうかほしいまま》に起り　暴火とは大火。横《ほしいまま》とは原因不明のままあちこちで起こること。

内外《ないげ》の親戚　父の親類を内親といい、母の親類を外戚《がいせき》という。

重病に遇《あ》い　肉体の重病だけではなく、国主としての統治力を失なうこともこれに当る。

柱師《ちゅうし》　村主・将帥《しょうすい》のこと。

講義

この文は三災（穀貴・兵革・疫病）の文証である。

およそ国主たる者は、過去の修徳のゆえにその福運をもって生れたものであるが、もし仏法の滅せんとするのを見て、捨ておいて守らなければ、その国主はたちまちに福運を失い、国に三災が起こるのである。

「我が法」とは元意は三大秘法である。この国に下種の御本仏出現し、邪法の怨嫉を受けるを見ながら、擁護《おうご》どころかかえって流罪・死罪にした当時の日本が、三災の現罰を味ったのは当然である。

およそ仏法有縁の国の国主たる者は、正法を擁護する義務を有するのである。これを以って思うに、大聖人御入滅後、正系門家において大事の御遺命まさに滅せんとするを見て、捨てて擁護しようとしない者は、また功徳を失うこと疑いなきところである。

七、四経の明文により災難興起を結す

本文

夫《そ》れ四経《しきょう》の文朗《もんあきら》かなり、万人《ばんにん》誰《たれ》か疑《うたが》わん。而《しか》るに盲瞽《もうこ》の輩《やから》迷惑《めいわく》の人《にん》、妄《みだり》に邪《じゃ》説《せつ》を信《しん》じて正教《しょうきょう》を弁《わきま》えず、故《ゆえ》に天下《てんか》世上《せじょう》・諸仏《しょぶつ》衆経《しゅうきょう》に於《おい》て捨離《しゃり》の心《こころ》を生《しょう》じて擁《おう》護《ご》の志《こころざし》無《な》し、仍《よっ》て善神《ぜんじん》聖人《しょうにん》国《くに》を捨《す》て所《ところ》を去《さ》る、是《ここ》を以《もっ》て悪鬼《あっき》外道《げどう》災《さい》を成《な》し難《なん》を致《いた》すなり。

通釈

以上のごとく、四経（金光明経・大集経・仁王経・薬師経）の文証はまことに明瞭である。万人誰かこれを疑うであろうか。しかるに盲目で邪正に迷う者は、みだりに邪説を信じて、正しい教えが何んであるかを弁《わきま》えない。ゆえに一国あげて弥陀念仏《みだねんぶつ》のみを恃《たの》んで、諸仏や衆経に対して捨離《しゃり》の心を生じ擁護《おうご》の志がない。よって善神・聖人は国を捨て所を去り、このため悪鬼外道が災難を起こすのである。

語訳

四経　先に文証として挙げた金光明経・大集経・仁王経・薬師経のこと。

盲瞽《もうこ》の輩《やから》　盲も瞽も盲人の意。ここでは仏法の正邪をわからない人に譬える。

迷惑の人　仏法の道理に迷い惑《まど》う人。

悪鬼外道《あっきげどう》　悪鬼とは六道の中の餓鬼道に住し、人の生命力を衰えさせ、思考の乱れを起こして、正法の修行を妨げる。外道とは仏法を信じない邪悪の人をいう。

講義

この一文は、第二段の答を結するところである。すなわち「世皆正に背き人悉く悪に帰す、故に善神国を捨てて相去り聖人所を辞して還らず、是を以て魔来り鬼来り、災起り難起る」との大聖人の御確信を証明する文証は、四経に天日のごとく明瞭で一点の疑う余地もない。

立正安国論に未顕真実の爾前経を引用された理由

金光明経等の四経は未顕真実の爾前経であるのに、なにゆえ大聖人は御引用されたのであろうか。このことにつき日寛上人は四意を以ってこれを説明されている。

一には、爾前は法華の網目《もうもく》なるゆえ。

法華経は大綱《たいこう》、爾前は網目《もうもく》である。成仏の大綱は法華経にのみ説かれているか、その余の網目は爾前に明されている。法華のための網目であるから、法華の証文としてこれを用いるのである。

二には、文《もん》は爾前に在るが義は法華に在るゆえ。

爾前は名のみあって実義がなく、ただ後に説かれる法華を期して説かれたのである。よって爾前を法華の証文とするのである。

三には、爾前の劣を以って法華の勝を況《きょう》するゆえ。

劣った爾前ですらもこの通りであるから、いわんや勝れた法華経においてはなおさらであるとの意で用いるのである。

四には、爾前の文を借りて法華の義を顕わすゆえ。開会《かいえ》の上で爾前の文を借り、法華の義を顕わす。すなわち「文をば借れども、義をばけづり捨るなり」(十章抄)の意である。

第二段　災難興起についての経証を示す

「諸仏・衆経に於て捨離の心を生じ……善神聖人国を捨て所を去る」

これ、日本国中が法然を深く信じ、弥陀念仏以外を捨離するゆえに「諸仏・衆経に於て捨離」といわれたのである。しかしその意を深く探れば、釈尊・法華経において捨離の心を生ずるゆえに神聖捨て去るという意である。

さらにその元意を拝すれば、まさしく本因妙の釈尊・下種の法華経において捨離の心を生ずるゆえに神聖捨て去るのである。すなわち本因妙の釈尊とは日蓮大聖人、下種の法華経とは本門戒壇の大御本尊の御事である。

第三段　正法を誹謗する由来を示す

第一章　仏教繁盛を以て難詰す

本文

客《きゃく》色《いろ》を作《な》して曰《いわ》く、後《ご》漢《かん》の明《めい》帝《てい》は金《こん》人《じん》の夢《ゆめ》を悟《さと》って白《はく》馬《ば》の教《きょう》を得《え》、上《じょう》宮《ぐう》太《たい》子《し》は守《もり》屋《や》の逆《ぎゃく》を誅《ちゅう》して寺《じ》塔《とう》の構《かまえ》を成《な》す、爾《しか》しより来《このかた》上《かみ》一《いち》人《にん》より下《しも》万《ばん》民《みん》に至《いた》るまで、仏《ぶつ》像《ぞう》を崇《あが》め経《きょう》巻《かん》を専《もっぱら》にす。然《しか》れば則《すなわ》ち叡《えい》山《ざん》・南《なん》都《と》・園《おん》城《じょう》・東《とう》寺《じ》・四《し》海《かい》・一《いっ》州《しゅう》・五《ご》畿《き》・七《しち》道《どう》、仏《ぶっ》経《きょう》は星《ほし》の如《ごと》く羅《つら》なり、堂《どう》宇《う》は雲《くも》の如《ごと》く布《し》けり。鶖《しゅう》子《し》の族《やから》は則《すなわ》ち鷲《じゅ》頭《とう》の月《つき》を観《かん》じ、鶴《かく》勒《ろく》の流《たぐい》は亦《また》鶏《けい》足《そく》の風《ふう》を伝《つと》う。誰《たれ》か一《いち》代《だい》の教《きょう》を褊《さみ》し、三《さん》

宝《ぼう》の跡《あと》を廃《はい》すと謂《いわ》んや、若《も》し其《そ》の証《しるし》有《あ》らば委《くわ》しく其《そ》の故《ゆえ》を聞《き》かん。

通釈

客は顔色を変えていった。

中国の後漢《ごかん》の明帝は夢に金人《こんじん》を見、その意味を悟って、印度から仏教の伝来を得た。また日本の聖徳太子は仏教に反対する守屋を誅《ちゅう》して多くの寺塔を建てている。それより以来我が国においては、上は天皇を始め下は万民に至るまで、ひたすら仏像を崇《あが》め経巻を依りどころにしてきたのである。

されば、比叡山・南都・園城《おんじょう》・東寺はもちろん、四海・一州・五畿・七道すなわち日本国中のいたるところに、仏像・経巻は星のごとく連《つら》なり、寺院は雲のように建ち並んでいる。そして、舎利弗《しゃりほつ》の流れを汲む人々は観法の修行怠りなく、また鶴勒《かくろく》の流れを汲む者は厳格に教法を今日に伝えている。このような仏教隆昌の姿を見て、誰が釈尊一代の教えを軽んじ、仏・法・僧の三宝が廃《すた》れてしまったといえようか。もしその証拠があるならばくわしくその理由を聞きたいものである。

語訳

色《いろ》を作《な》して曰《いわ》く　顔色を変えて問詰すること。日寛上人の文段には「既に上段に四経の文を引き已《おわ》って、結して『天下世上、諸仏・衆経に於て捨離の心を生ず』という、故に客色を作して問難するなり」とある。

後漢《ごかん》の明帝《めいてい》　後漢の第二代、顕宗孝明皇帝《けんそうこうめいこうてい》をいう。

金人《こんじん》の夢を悟《さと》って　永平二年に、明帝が金人の貴人が庭に飛行するのを夢に見て、翌朝群臣に問うた。太史傅《たいしふ》毅《き》は西域《さいいき》（印度）に仏図《ふと》（仏陀）という聖者がいる、陛下の夢にみたのはその人でしょう、と答えた。そこで帝《みかど》は王遵《おうじゅん》等の十八人を西域に遣《つか》わし、仏法を求めた。その後、印度の僧・摩騰迦《まとうか》・竺法蘭《じくほうらん》の二人が経巻を白馬に載《の》せて皇帝に献じたという。したがって「白馬の教」とは仏の経典という意味である。

上宮太子《じょうぐうたいし》　聖徳太子のこと。南殿の上宮に居住していたので上宮太子と呼ばれた。

守屋《もりや》の逆《ぎゃく》を誅《ちゅう》し　守屋とは物部《もののべ》の守屋《もりや》のこと。第三十代欽明《きんめい》天皇の御代に初めて仏法が日本に渡来して以来、神道を立てる物部と、仏法を信奉する蘇我《そが》氏との間に争いが起こり、国内に災害が続出した。第三十二代用《よう》明《めい》天皇崩御《ほうぎょ》のあと、物部の守屋と聖徳太子および蘇我の馬子《うまこ》との決戦となり、太子は守屋を打ち破って日本に仏教を確立し、国家を安泰ならしめた。

寺塔の構《かまえ》を成す　聖徳太子か寺や塔を建立したことをいう。

叡山《えいざん》・南都《なんと》・園城《おんじょう》・東寺《とうじ》　叡山は伝教大師が桓武天皇の御代・延暦《えんりゃく》七年に開いた比叡山延暦寺のこと。

南都とは、東大寺・興福寺・元興寺・大安寺・薬師寺・西大寺・法隆寺の奈良の七大寺をいう。奈良は平安京の南に位置するので南都という。

園城とは、琵琶湖《びわこ》の西岸・大津にある三井寺のこと。

東寺とは、教王護国寺ともいい、古義真言宗東寺派の大本山のこと。弘仁十四年（八二三年）に嵯峨天皇が空海（弘法のこと）に授けた。

四海《しかい》・一州《いっしゅう》　日本国中ということ。

五畿《ごき》　京都を囲む五ヶ国、すなわち山城《やましろ》・大和《やまと》・河内《かわち》・和泉《いずみ》・摂津《せっつ》をいう。

七道《しちどう》　東海・東山・北陸・山陰・山陽・南海・西海の七つの街道または七つの地方をいう。

仏経《ぶっきょう》　ここでは仏像と経巻との意。

堂宇《どうう》　堂は仏像を安んずるところ。宇《う》は経論を置くところ。

鷲子《しゅうし》の族《やから》　鷲子とは舎利弗《しゃりほつ》のこと。目が鷲《う》に似ていたからこう呼ばれた。「鷲子の族」とは観法を尊ぶ流派を総称している。

第三段　正法を誹謗する由来を示す

鷲頭《じゅとう》の月を観じ　鷲頭とは、霊鷲山《りょうじゅせん》の頂のこと。すなわち観念観法にふけること。

鶴勒《かくろく》の流《ながれ》　鶴勒《かくろく》とは、付法蔵の第二十三祖鶴勒夜那《かくろくやな》のこと。「鶴勒の流」とは、鷲子の族の観法に対し、教法を尊ぶ流派の総称。

鶏足《けいそく》の風《ふう》を伝《つと》う　鶏足とは、インドの鶏足山《けいそくざん》のこと。付法蔵の第一である迦葉《かしょう》が、この山の洞窟《どうくつ》に入定《にゅうじょう》して以来、二十四人により正しく教法が伝えられ、その伝統は今に崩れないとの意。

一代《いちだい》の教《きょう》を褊《さみ》し　釈尊一代の教を卑《いや》しめ軽んずること。

三宝《さんぽう》の跡《あと》を廃《はい》す　三宝とは仏法僧のこと。すなわち仏法が滅ぶこと。

講義

第三段の問答は、仏法の中の破法の相を示して亡国の義を証するのである。

「客色を作して」とは、前段で主人が「天下世上、諸仏衆経に於て捨離の心を生ず」というのを聞き、日本国中いたるところで仏像は崇められ、経巻は読まれている。また寺院はけんらんと建ち並び、僧侶は立派である。これほど仏法が興隆しているのに、どうして主人はそのようなことをいうのかと強く反撥したのである。

仏法の邪正を知らぬ客は、ただ多数の寺院、多くの僧侶を見て、それが仏法の繁昌と錯覚している。しかし仏法は外部の悪人によって破壊されるのではない。仏弟子をよそおった悪侶《あくりょ》・魔僧《まそう》が仏法を破壊《はえ》し、大衆を悪道に堕《お》とし、国を亡ぼすのである。

第二章　悪比丘仏法を破する相を示す

一、法師は諂曲、王臣は不覚なるを明かす

本文

主人《しゅじん》喩《さと》して曰《いわ》く、仏閣《ぶっかく》甍《いらか》を連《つら》ね、経蔵《きょうぞう》軒《のき》を並《なら》べ、僧《そう》は竹葦《ちくい》の如《ごと》く、侶《りょ》は稲麻《とうま》に似《に》たり、崇重《そうちょう》年旧《としふ》り、尊貴《そんき》日《ひ》に新《あら》たなり。但《ただ》し法師《ほっし》は諂曲《てんごく》にして人倫《じんりん》を迷惑《めいわく》し、王臣《おうしん》は不覚《ふかく》にして邪正《じゃしょう》を弁《べん》ずること無《な》し。

通釈

第三段　正法を誹謗する由来を示す

客が色をなしたので、主人はこれを喩《さと》していうには、

たしかに仏閣・経蔵は軒を並べるようにたくさん建っている。また僧侶は竹葦《ちくい》稲麻《とうま》のごとく大勢いる。そして寺院・僧侶に対する民衆の尊敬はすでに久しく、その信仰は日々に新たである。

但し、法師は不正直であって仏法を曲げ、人のふみ行うべき道を惑《まど》わしている。またその言葉を聞く王臣は無智であり、仏法の邪正を弁《わきま》えることができない。

語訳

仏閣《ぶっかく》　閣は高殿《たかどの》・高楼《こうろう》・御殿《ごてん》をいう。仏閣とは、立派な構えを持った仏教寺院。

甍《いらか》　家の上棟《うわむね》をいい、転じて屋根瓦《がわら》、瓦《かわら》ぶきの屋根をいう。

竹葦《ちくい》・稲麻《とうま》　数の多いことのたとえ。

諂曲《てんごく》　自分の意を曲げて、こびへつらうこと。

人倫《じんりん》を迷惑《めいわく》し　人倫とは人の踏み行うべき道。ここでは邪法の僧たちが諂曲のゆえに人倫を迷わせているの意。

講義

客が表面だけを見て仏法繁昌《はんじょう》と錯覚《さっかく》しているのを、主人が諭《さと》すところである。

たしかに客のいうごとく寺院は軒を並べ、僧侶は大勢でいずれも尊げである。ただし、これらはこと

ごとく正法を誹謗する邪僧であり、国を亡ぼす魔僧である。

「但し法師は諂曲《てんごく》にして人倫を迷惑し、王臣は不覚にして邪正を弁ずること無し」の一文は、客の錯覚を打ち破る強烈の御指南である。

実に仏弟子と見える者の中に、仏法を破壊する者がいるのである。たとえそれらは尊げなる姿をしていようとも、その心は不正直で名利のために王臣にへつらい、仏法を曲げて人々を迷わしている。一国の王臣ならびに民衆は邪正を弁《わきま》えずにこれを尊敬している。これが亡国の因縁となる。

以下、その相を仁王経・涅槃経・法華経の文により証せられるのである。

二、仁王経を引き悪比丘を証す

本文

仁王経《にんのうきょう》に云《いわ》く「諸《もろもろ》の悪比丘《あくびく》多《おお》く名利《みょうり》を求《もと》め、国王《こくおう》・太子《たいし》・王子《おうじ》の前《まえ》に於《おい》て、自《みづか》ら破《は》仏法《ぶっぽう》の因縁《いんねん》・破国《はこく》の因縁《いんねん》を説《と》かん、其《そ》の王《おう》別《わきま》えずして此《こ》の語《ご》を信聴《しんちょう》し、

横《よこしま》に法制《ほうせい》を作《つく》りて仏戒《ぶっかい》に依《よ》らず、是《これ》を破仏《はぶつ》・破国《はこく》の因縁《いんねん》と為《な》す」已上。

通釈

仁王経にいわく。

もろもろの悪僧侶は、多く名誉や利益を求め、国王・太子・王子等の前で、自ら仏法を破る因縁や、国を破る因縁を説くであろう。またそれを聞く王は邪正がわからずにこの言葉を信じ、道理を無視して勝手な法制を作り仏の戒《いましめ》によらない、これを破仏・破国の因縁となすのである。

語訳

悪比丘《あくびく》　比丘とは男の僧のこと。悪比丘とは、名利のために形ばかり僧となり、邪法を説く輩《やから》のこと。

名利《みょうり》　名誉と利養。

横《よこしま》に法制を作りて　正法を無視して悪い法律制度を作ること。

仏戒《ぶっかい》　仏のいましめ。

講義

まさに「法師は諂曲《てんごく》にして人倫を迷惑し、王臣は不覚にして邪正を弁ずること無し」との仰せそのままの文証である。

世間の名利を求めて成仏を願わず、時の権力者の心にへつらって仏法を曲げ、国を傾ける師子身中の虫の姿が見事に写し出されている経文である。

三、涅槃経を引き悪比丘を証す

本文

涅槃経《ねはんぎょう》に云《いわ》く「菩薩《ぼさつ》、悪象等《あくぞうとう》に於《お》いては心《こころ》に恐怖《くふ》すること無《な》かれ、悪知識《あくちしき》に於《お》いては怖畏《ふい》の心《こころ》を生《しょう》ぜよ、悪象《あくぞう》の為《ため》に殺《ころ》されては三趣《さんしゅ》に至《いた》らず、悪友《あくゆう》の為《ため》に殺《ころ》されては必《かなら》ず三趣《さんしゅ》に至《いた》る」上已。

第三段　正法を誹謗する由来を示す

通釈

涅槃経にいわく。

菩薩よ、乱暴な悪象などは少しも恐れることはない。だが、邪法に導く悪知識に対しては恐れなければならない。なぜかといえば、悪象に殺されても三悪道に堕ちることはないが、悪友に惑わされ殺されれば必ず三悪道に堕ちるからである。

語訳

涅槃経《ねはんぎょう》　釈尊が跋提河《ばつだいが》のほとり沙羅双樹《しゃらそうじゅ》の下で、涅槃《ねはん》に先立つ一日一夜に説いた教えで、大般涅槃経《だいはつねはんぎょう》ともいう。

悪知識《あくちしき》　正法を誹謗して人をたぶらかす邪智の者。

三趣《さんしゅ》　地獄・餓鬼・畜生の三悪道。

悪友　悪知識と同じ。

講義

邪法・邪師が人を不幸に導く最たるものであることを教えられている。

昔の印度では、凶暴な象は最も人々に恐れられていた。しかしその悪象に殺されても、破壊されるのはただ肉体だけであって心は壊《やぶ》られない、だから恐れる必要はない。これは今日でいえば交通事故で死ぬことなどが当ろう。これらの事故死では、決して地獄・餓鬼・畜生の三悪道に堕ちることはないのである。

しかし、邪法の者にまどわされれば、身も心も壊《やぶ》られ、必ず三悪道に堕ちる。ゆえに正しい仏法を誹謗する悪知識こそ恐れなければならない。

四、法華経を引き悪比丘を証す

本文

法華経《ほけきょう》に云《いわ》く「悪世《あくせ》の中《なか》の比丘《びく》は邪智《じゃち》にして心諂曲《こころてんごく》に、未《いま》だ得《え》ざるを為《こ》れ得《え》たりと謂《おも》い、我慢《がまん》の心充満《こころじゅうまん》せん。或《あるい》は阿練若《あれんにゃ》に納衣《のうえ》にして空閑《くうげん》に在《あ》り、自《みずか》ら真《しん》の道《どう》を行《ぎょう》ずと謂《い》いて人間《にんげん》を軽賤《きょうせん》する者《もの》有《あ》らん。利養《りよう》に貪著《とんじゃく》するが故《ゆえ》に、白衣《びゃくえ》の

第三段　正法を誹謗する由来を示す

与《た》めに法《ほう》を説《と》いて、世《よ》に恭敬《くぎょう》せらるること六通《ろくつう》の羅漢《らかん》の如《ごと》くならん。乃至《ないし》常《つね》に大衆《たいしゅう》の中《なか》に在《あ》つて我等《われら》を毀《そし》らんと欲《ほっ》するが故《ゆえ》に、国王《こくおう》・大臣《だいじん》・婆羅門《ばらもん》・居士《こじ》及《およ》び余《よ》の比丘衆《びくしゅう》に向《むか》つて、誹謗《ひぼう》して我《わ》が悪《あく》を説《と》いて、是《こ》れ邪見《じゃけん》の人《にん》・外道《げどう》の論議《ろんぎ》を説《と》くと謂《い》わん。濁劫悪世《じょくこうあくせ》の中《なか》には多《おお》く諸《もろもろ》の恐怖《くふ》有《あ》らん、悪鬼《あっき》其《そ》の身《み》に入《い》つて我《われ》を罵詈毀辱《めりきにく》せん、濁世《じょくせ》の悪比丘《あくびく》は仏《ほとけ》の方便随宜所説《ほうべんずいぎしょせつ》の法《ほう》を知《し》らず、悪口《あっく》して顰蹙《ひんじゅく》し、数数《しばしば》擯出《ひんずい》せられん」已上。

通釈

法華経にいわく。

末法悪世の中の僧侶は邪智で、へつらいの心が強く、仏法を曲げ、未だ何の悟りもないのにすでに悟ったように思い、慢心の心が充満している。

あるいは人里離れた山寺などで、袈裟《けさ》などをまとい、閑静《かんせい》の場にあって、自ら真の仏法を行じていると謂《い》って世間の人々を軽んじ賤しむ者があろう。これらの者は自分の利益を貪《むさぼ》り執着するため、在家の心にへつらって法を説き、世の人からはあたかも六神通を得た羅漢《らかん》のごとく尊敬されるであろう。そして常に大衆の中に在って、正法の行者をそしろうとして、国王・大臣・婆羅門《ばらもん》（上流階級）・有力な信徒および他の僧侶などに向って、盛んに誹謗して正法の行者の欠点をさがし、「これは邪見の人であり、外道の論議を説いている」というであろう。

濁悪の末法にはもろもろの恐怖がある。悪鬼がその身に入った者が正法の行者を罵《のの》しったり、辱《はず》かしめたりするであろう。末法の悪比丘は、仏の方便たる爾前経に執着して、正法を持つ者を悪口し、顔をしかめ憎んだりするであろう。また正法の行者はしばしば所を追われるであろう。

語訳

悪世《あくせ》　闘諍堅固・白法隠没の五濁悪世のこと。すなわち末法の世。

邪智《じゃち》にして心諂曲《こころてんごく》に　日寛上人の文段には「これ正直ならざる故に邪曲《じゃごく》というなり。仁王の悪比丘、涅槃経の悪知識これなり」とある。

我慢《がまん》の心　自分を恃《たの》み高ぶり、他をあなどること。ここでは慢心盛んにして、正法を行ずる者を誹謗・迫害すること。

阿練若《あれんにゃ》　無事・閑静処《かんせいしょ》という意味。僣聖増上慢《せんしょうぞうじょうまん》の輩が、静かな山寺等に居住して、正法を誹謗することをあらわす。

納衣《のうえ》　糞掃衣《ふんぞうえ》ともいう。ここでは僣聖増上慢が人の尊敬を集めるため、わざと粗衣を着ることをあらわす。

空閑《くうげん》　阿練若と同意で、人里離れた静かな所。

利養《りよう》に貪著《とんじゃく》す　ただ自利自養のみを貪り執着すること。

白衣《びゃくえ》　釈尊在世のインドでは俗人は白衣を着たので、在家・一般社会人のことをさす。

六通《ろくつう》の羅漢《らかん》　六神通を得た阿羅漢（声聞の最高位）のこと。六神通とは、一に天眼通《てんげんつう》（なんでも見透せる通力）、二に天耳通《てんにつう》（なんでも聞ける通力）、三に他心通《たしんつう》（他人の心を見通す通力）、四に宿命通《しゅくみょうつう》（自分や衆生の宿命を知る通力）、五に神足通《じんそくつう》（機根に応じて自在に身を現わし、思うままに山海を飛行しうる通力）、六に漏尽通《ろじんつう》（いっさいの煩悩を断じ尽くす通力）をいう。

婆羅門《ばらもん》　インド古来の四姓（カースト）の一つで、訳して浄行という。自ら梵天の口から生じ、四姓中の最勝最貴であると称する。

居士《こじ》　資産家、富豪のこと。また出家しないで仏門に帰依した男子の総称。

邪見《じゃけん》　五見・十惑の一つで、因果の道理を無視した妄《もう》見をいう。

濁劫《じょくこう》　劫濁《こうじょく》・衆生濁《しゅじょうじょく》・煩悩濁《ぼんのうじょく》・見濁《けんじょく》・命濁《みょうじょく》の五濁に支配される時代のこと。

方便随宜所説《ほうべんずいぎしょせつ》の法を知らず　仏は衆生の機根に随って方便の権教を説いたが、この方便権教と真実の法華経の区別を知らないこと。

顰蹙《ひんじゅく》　顔をしかめて憎むこと。

数数《しばしば》擯出《ひんずい》せられん　たびたび所を追われること。

講義

国を亡ぼし人を悪道に堕《お》とす悪比丘・悪知識とは、いったいどのような姿をしているのか、その姿を浮きぼりにして見せたのがこの法華経勧持品《かんじぼん》の文である。

「悪世の中」以下は道門増上慢、すなわち一般の悪僧侶の姿が説かれている。また「或は阿練若」以下は僭聖《せんしょう》増上慢、すなわち生き仏のごとく尊敬されて仏法を破壊する悪比丘の姿が説かれている。

末法に上行菩薩が出現して三大秘法を弘める時、必ずこのような悪僧らが迫害することを釈尊が予言された経文である。

されば此処に醜面《しゅうめん》を浮べる悪比丘は、一往は法然であるが、再往は大聖人を怨嫉して死罪にまで至らしめた良観・道隆等である。

この勧持品二十行の偈《げ》を身で以ってお読みになられたのは、全世界の中でただ日蓮大聖人御一人であらせられる。よって大聖人こそ釈尊の予言せる上行菩薩の再誕・内証は久遠元初の自受用身にてましますのである。

五、再び涅槃経を引き悪比丘を証す

本文

涅槃経《ねはんぎょう》に云《いわ》く「我《わ》れ涅槃《ねはん》の後《のち》無量百歳《むりょうひゃくさい》に、四道《しどう》の聖人《しょうにん》悉《ことごと》く復《ま》た涅槃《ねはん》せん。正法滅《しょうぼうめつ》して後像法《のちぞうぼう》の中《なか》に於《おい》て当《まさ》に比丘《びく》有《あ》るべし、像《かたち》を持律《じりつ》に似《に》せ、少《すこ》しく経《きょう》を読誦《どくじゅ》し、飲食《おんじき》を貪嗜《とんし》して其《そ》の身《み》を長養《ちょうよう》し、袈裟《けさ》を著《ちゃく》すと雖《いえど》も猶猟師《なおりょうし》の細《ほそ》めに視《み》て

徐《おもむろ》に行《ゆ》くが如《ごと》く、猫《ねこ》の鼠《ねずみ》を伺《うかが》うが如《ごと》し。常《つね》に是《こ》の言《ことば》を唱《とな》えん、我《われ》羅漢《らかん》を得《え》たりと、外《そと》には賢善《けんぜん》を現《あらわ》し、内《うち》には貪嫉《とんしつ》を懐《いだ》く、唖法《あほう》を受《う》けたる婆羅門等《ばらもんとう》の如《ごと》し。実《じつ》には沙門《しゃもん》に非《あら》ずして沙門《しゃもん》の像《かたち》を現《げん》じ、邪見熾盛《じゃけんしじょう》にして正法《しょうぼう》を誹謗《ひぼう》せん」上已。

第三段　正法を誹謗する由来を示す

通釈

涅槃経にいわく。

自分（釈尊）が入滅したのち、長い年月を経て、付法蔵の二十四人等のように、正しく仏法を弘める聖人も入滅しよう。正法一千年を過ぎて像法の終わり、すなわち末法の始めにおいて、必ず次のような悪僧が現われるであろう。

これらの悪僧は、外面はいかにも戒律を持っているように見せかけ、少しばかり経文を読み、飲食を貪《むさぼ》って我が身を長養し、形は袈裟《けさ》をまとっているが、その心は猟師が獲物《えもの》をねらってそっと近づくように、猫が鼠をうかがうように信徒のふところを狙い、ひたすら名利を求めている。そして常に「自分は羅漢《らかん》の悟りを得た」と高言するであろう。外面はいかにも賢人善人のごとく粧《よそ》おうが、その内心は貪欲《とんよく》と嫉妬心《しっとしん》で充満している。法門のことを尋ねられれば全く答えられず、あたかも唖法《あほう》の修行をしているバラモンのように黙ってしまう。これらは本当は僧侶でもないくせに僧侶の姿をしているのであって、邪見が盛んで正法を誹謗するであろう。

語訳

涅槃《ねはん》　ここでは入滅の意。

無量百歳《むりょうひゃくさい》　釈迦滅後二千余年をさす。日寛上人の文段には「仏涅槃の後二千年已後と見へたり」とある。

四道の聖人　日寛上人の文段には「付法蔵の二十四人を指すか」とある。

像法《ぞうぼう》の中　像法の中頃の意ではなく、像法の終り末法の始めの意。

像《かたち》を持律《じりつ》に似せ　外面ばかり戒律をたもっているかのようによそおう。

飲食《おんじき》を貪嗜《とんし》して　やたらとぜいたくな飲食を貪ること。

猟師《りょうし》の細めに視《み》て徐《おもむろ》に行く　猟師が獲物《えもの》を見つけて、細目で気づかれないように静かに近づくように、邪法の僧が金持ちの信者に取り入るさまを譬えたものである。

外には賢善《けんぜん》を現《あらわ》し、内には貪嫉《とんしつ》を懐《いだ》く　外面はさも賢く善人である風をよそおい、心の中では欲と嫉妬《しっと》で充満している。

唖法《あほう》　婆羅《ばら》門《もん》外道《げどう》の修法の一種で、人に向ってものを云わず、唖《おし》のように沈黙を守る修行。ここでは邪宗の僧が、説法もできず、法門のことも答えられない様《さま》を、唖法の婆羅門に譬えた。

沙門《しゃもん》　一般には出家した人の意。

講義

仏弟子の形をしたものが仏法を破壊する姿が、まことに明瞭である。彼らには成仏を願う道念などなく、我が身を長養し、世間の名利を得るため仏法を利用しているに過ぎない。このような輩は自己保身から、必ず正法の行者を怨嫉《おんしつ》誹謗《ひぼう》する。まことに法然および大聖人御在世の良観の姿が、鏡に浮べられているようである。

六、悪侶を誡めるべきを教諭す

本文

文《もん》に就《つい》て世《よ》を見《み》るに、誠《まこと》に以《もっ》て然《しか》なり。悪侶《あくりょ》を誡《いまし》めずんば豈《あに》善事《ぜんじ》を成《な》さんや。

通釈

以上の経文について日本国の僧侶を見るに、まことに以ってその通りである。かかる仏法破壊の悪僧侶を誡めなければ、どうして善事を成し得ようか。

語訳

悪侶《あくりょ》を誡《いまし》めずんば　日寛上人の文段には「花の朝《あした》に嵐を厭《いと》い、月の夕《ゆうべ》には雲を厭《いと》う。もし謗法の悪侶を誡《いまし》めずんば、何ぞ正法の善事《ぜんじ》を成さんや」とある。

講義

仏法は、外部の外道悪人等によっては決して破られない。仏弟子のごとくなる姿をしている者が、内部から正法を破壊するのである。これを師子身中の虫という。

客は国中の僧侶の外相《げそう》だけを見て仏法繁昌と錯覚したが、これら僧侶が、実は誹謗正法の師子身中の仏敵たること、以上の経文で誠に明瞭となった。

かかる謗法の悪侶をそのままにしておいて、正法の善事だけを成すことはできない。立正の前に厳しき破邪のあることを「悪侶を誡めずんば豈善事を成さんや」の御金言に深く拝すべきである。

第四段　まさしく一凶の所帰を明かす

第一章　悪比丘とは誰人かを問う

本文

客《きゃく》猶《なお》憤《いきどお》りて曰《いわ》く、明王《めいおう》は天地《てんち》に因《よ》って化《け》を成《な》し、聖人《せいじん》は理非《りひ》を察《さっ》して世《よ》を治《おさ》む。世上《せじょう》の僧侶《そうりょ》は天下《てんか》の帰《き》する所《ところ》なり、悪侶《あくりょ》に於《おい》ては明王信《めいおうしん》ず可《べ》からず、聖人《しょうにん》に非《あら》ずんば賢哲《けんてつ》仰《あお》ぐ可《べ》からず、今《いま》賢聖《けんせい》の尊重《そんちょう》せるを以《もっ》て則《すなわ》ち竜象《りゅうぞう》の軽《かろ》からざるを知《し》る。何《なん》ぞ妄言《もうげん》を吐《は》いて強《あなが》ちに誹謗《ひぼう》を成《な》し、誰人《たれびと》を以《もっ》て悪比丘《あくびく》と謂《い》うや、委《い》細《さい》に聞《き》かんと欲《ほっ》す。

通釈

客は前にも増《ま》して憤《おこ》っていうには、およそ賢王は天地の道理に基いて民衆を化育し、君子は理非曲直を分別して世を治めるものである。そして今、世間の高僧たちはいずれも国中の帰依を受けている。これら高僧が、もし悪侶であったなら判断力のある賢王が信ずるはずがないし、聖人《しょうにん》でなかったならば世の指導者が仰ぐわけがない。いま、世の賢王・君子が尊崇していることを見ても、これらの高僧が勝れた法師であることがわかる。どうして妄言を吐いて強《し》いて誹謗し、いったい誰人を指して悪比丘《びく》といおうとしているのか、くわしく聞きたいものである。

語訳

客猶《なお》憤《いきどお》りて曰く　日寛上人の文段には「前には色を作《な》して粗《ほぼ》憤りて問う。今は猶《なお》前に倍して難ず。故に『猶憤りて』というなり。憤り未だ止《とど》まらざる故に猶という と謂《い》うには非《あら》ざるなり」とある。

明王《めいおう》は天地に因《よ》って化《け》を成《な》し　明王とは賢い天子・国王。天地に因ってとは、天地の道理に則って政治を行うこと。

聖人《せいじん》は理《り》非《ひ》を察して世を治《おさ》む　ここにいう聖人《せいじん》とは、世を治むべき立場にある君子。理非を察してとは、よく物事の道理を分別することをいう。

世上《せじょう》の僧侶　世の中の僧侶の意で、大聖人御在世の当時の高僧たちのこと。

聖人《しょうにん》に非《あら》ずんば　この聖人《しょうにん》は前文と異なり、仏法上の聖人を意味する。

賢哲《けんてつ》　在家の智者・学匠をいう。

今賢聖《けんせい》の尊重せるを以て　日寛上人の文段には「賢聖すでに仰《あお》いで知る、これ正師なりという事を」とある。

竜象《りゅうぞう》　勝れた僧侶。巨大で威力ある動物の竜や象を名僧にたとえていう。

妄言《もうげん》　みだりな言葉、いつわりの言葉。

講義

第四段は、国を亡ぼす悪比丘とは誰であるかを、まさしく明す段である。

客は、主人から〝いま世間に仰がれている僧侶は実は正法誹謗の悪侶である、かかる悪比丘は誡めなければいけない〟と云われたことに対して、ますます怒りを現わしたのである。

客の思いは、そんなに悪い僧侶なら、世間の偉い人が仰ぐわけはないし、大衆が信ずるわけもない、したがって多くの人が尊敬していることは、その僧侶が勝れた聖人の証拠だ、ということにある。

そこで〝あなたは一体誰人を悪比丘といおうとしているのか〟と詰《つ》めよるのである。

この考えは今日でもよくある。有名人が信じ、大勢が信じているものは正しいと思う偏見である。一般世人は宗教の邪正を判断する基準を知らない。こと宗教に関しては全く〝めくら千人〟である。よって、世間にへつらい仏法を曲げる悪侶《りょ》に簡単にだまされ、邪宗がはびこるのである。

「汝只《ただ》正理を以て前《さき》とすべし、別して人の多きを以て本《もと》とすることなかれ」（聖愚問答抄下）の御金言こそ、頂門の一針である。

第二章　まさしく謗法の元凶を明かす

一、法然の選択集を文証として挙ぐ

本文

主人《しゅじん》の曰《いわ》く、後鳥羽院《ごとばいん》の御宇《ぎょう》に法然《ほうねん》というもの有《あ》り、選択集《せんちゃくしゅう》を作《つく》る。則《すなわ》ち一《いち》代《だい》の聖教《しょうきょう》を破《は》し、遍《あまね》く十方《じっぽう》の衆生《しゅじょう》を迷《まよ》わす。其《そ》の選択《せんちゃく》に云《いわ》く「道綽禅師《どうしゃくぜんじ》、聖道《しょうどう》浄土《じょうど》の二門《にもん》を立《た》て聖道《しょうどう》を捨《す》てて正《まさ》しく浄土《じょうど》に帰《き》するの文《もん》、初《はじめ》に聖道門《しょうどうもん》とは之《これ》に就《つ》いて二有《あ》り、乃至《ないし》之《これ》に准《じゅん》じて之《これ》を思《おも》うに、応《まさ》に密大《みつだい》及以《およ》び実大《じつだい》を存《ぞん》すべし、然《しか》れば則《すなわ》ち今《いま》の真言《しんごん》・仏心《ぶっしん》・天台《てんだい》・華厳《けごん》・三論《さんろん》・法相《ほっそう》・地論《じろん》・摂論《しょうろん》・此等《これら》八家《はっけ》の意《い》正《まさ》しく此《ここ》に在《あ》るなり。曇鸞法師《どんらんほっし》の往生論《おうじょうろん》の註《ちゅう》に云《いわ》く、謹《つつし》んで竜樹菩薩《りゅうじゅぼさつ》の十住毘婆沙《じゅうびばしゃ》を案《あん》ずるに云《いわ》く、菩薩阿毘跋致《ぼさつあびばっち》を求《もと》むるに二種《にしゅ》の道《どう》有《あ》り、一《いち》には難行《なんぎょう》道《どう》、二《に》には易行道《いぎょうどう》なり、此《こ》の中《なか》の難行道《なんぎょうどう》とは即《すなわ》ち是《こ》れ聖道門《しょうどうもん》なり、易行道《いぎょうどう》とは即《すなわ》ち是《こ》れ浄土門《じょうどもん》なり、浄土宗《じょうどしゅう》の学者《がくしゃ》先《ま》ず須《すべから》く此《こ》の旨《むね》を知《し》るべし、設《たと》い先《さき》より聖《しょう》道門《どうもん》を学《まな》ぶ人《ひと》なりと雖《いえど》も、若《も》し浄土門《じょうどもん》に於《お》いて其《そ》の志《こころざし》有《あ》らん者《もの》は須《すべから》く聖道《しょうどう》を棄《す》てて浄土《じょうど》に帰《き》すべし。又云《またいわ》く、善導和尚《ぜんどうわじょう》、正雑《しょうぞう》二《に》行《ぎょう》を立《た》て雑行《ぞうぎょう》を捨《す》てて正行《しょうぎょう》に帰《き》するの文《もん》、第一《だいいち》に読誦雑行《どくじゅぞうぎょう》とは上《かみ》の観経等《かんぎょうとう》の往生浄土《おうじょうじょうど》の経《きょう》を除《のぞ》いて已外《いげ》大小乗《だいしょうじょう》・顕密《けんみつ》の諸経《しょきょう》に於《お》いて受持読誦《じゅじどくじゅ》するを悉《ことごと》く読誦雑行《どくじゅぞうぎょう》と名《なづ》く、第三《だいさん》に礼拝雑行《らいはいぞうぎょう》とは上《かみ》の弥陀《みだ》を礼拝《らいはい》するを除《のぞ》いて已外《いげ》一切《いっさい》の諸仏菩薩等《しょぶつぼさつとう》及《およ》び諸《もろもろ》の世天等《せてんとう》に於《お》いて礼拝《らいはい》し恭敬《くぎょう》するを悉《ことごと》く礼拝雑行《らいはいぞうぎょう》と名《なづ》く。私《し》に云《いわ》く、此《こ》の文《もん》を見《み》るに、須《すべから》く雑《ぞう》を捨《す》てて専《せん》を修《しゅ》すべし、豈百即百生《あにひゃくそくひゃくしょう》の専修正行《せんしゅうしょうぎょう》を捨《す》てて堅《かた》く千中無一《せんちゅうむいつ》の雑修雑行《ぞうしゅうぞうぎょう》を執《しゅう》せんや、行者能《ぎょうじゃよ》く之《これ》を思量《しりょう》せよ。又云《またいわ》く、貞元入蔵録《じょうげんにゅうぞうろく》の中《なか》に始《はじ》め大般若経《だいはんにゃきょう》六百《ろっぴゃく》巻《かん》より法常住経《ほうじょうじゅうきょう》に終《おわ》るまで、顕密《けんみつ》の大乗経《だいじょうきょう》総《そう》じて六百三十七部《ろっぴゃくさんじゅうしちぶ》・二千八百八十《にせんはっぴゃくはちじゅう》三巻《さんかん》なり、皆須《みなすべから》く読誦大乗《どくじゅだいじょう》の一句《いっく》に摂《せっ》すべし、当《まさ》に知《し》るべし、随他《ずいた》の前《まえ》には暫《しばら》く定散《じょうさん》の門《もん》を開《ひら》くと雖《いえど》も、随自《ずいじ》の後《のち》には還《かえ》って定散《じょうさん》の門《もん》を閉《と》ず、一《ひと》たび開《ひら》いて以後《いご》永《なが》く閉《と》じざるは唯是《ただこ》れ念仏《ねんぶつ》の一門《いちもん》なりと。又云《またいわ》く、念仏《ねんぶつ》の行者必《ぎょうじゃかなら》ず三心《さんじん》を具足《ぐそく》すべきの文《もん》、観無量寿経《かんむりょうじゅきょう》に云《いわ》く、同経《どうきょう》の疏《じょ》に云《いわ》く、問《と》うて曰《いわ》く、若《も》し解行《げぎょう》の不同《ふどう》・邪雑《じゃぞう》の人等《にんとう》有《あ》りて外邪異見《げじゃいけん》の難《なん》を防《ふせ》がん、或《あるい》は行《ゆ》くこと一分二分《いちぶんにぶん》にして群賊等《ぐんぞくとう》喚《よ》び廻《かえ》すとは即《すなわ》ち別解《べつげ》・別行《べつぎょう》・悪見《あくけん》の人等《にんとう》に喩《たと》う。私《し》に云《いわ》く、又此《またこ》の中《なか》に一切《いっさい》の別解《べつげ》・別行《べつぎょう》・異学《いがく》・異見等《いけんとう》と言《い》うは是《こ》れ聖道門《しょうどうもん》を指《さ》すなり」已上。又最《またさい》後結句《ごけっく》の文《もん》に云《いわ》く「夫《そ》れ速《すみや》かに生死《しょうじ》を離《はな》れんと欲《ほっ》せば、二種《にしゅ》の勝法《しょうぼう》の中《なか》に且《しばら》く聖道門《しょうどうもん》を閣《さしお》きて、選《えら》んで浄土門《じょうどもん》に入《い》れ、浄土門《じょうどもん》に入《い》らんと欲《ほっ》せば、正雑二行《しょうぞうにぎょう》の

「中《なか》に且《しばら》く諸《もろもろ》の雑行《ぞうぎょう》を抛《なげう》ちて、選《えら》んで応《まさ》に正行《しょうぎょう》に帰《き》すべし」已上。

通釈

主人がいわく。

後鳥羽院《ごとばいん》の御代《みよ》に法然という者があって選択集《せんちゃくしゅう》を作った。その中で彼は釈尊一代の聖教を破り、あまねく一切衆生を迷わせたのである。

その選択集《せんちゃくしゅう》にいわく

「道綽禅師《どうしゃくぜんじ》が聖道門・浄土門の二門を立て、聖道門を捨てて浄土門に帰すべしと説いた文があるが、（以下法然の私見）初めに聖道門とは、これについて大乗・小乗の二つがある。乃至、これに準じてこれを思うに、まさに密大《みつだい》（真言）および実大（法華）も聖道門に含まれる。されば今の真言宗・禅宗・天台宗・華厳《けごん》宗・三論宗・法相宗・地論《じろん》宗・摂論《しょうろん》宗等の八宗は聖道門であるから当然捨てなければいけない。

曇鸞《どんらん》法師の往生論の註《ちゅう》には次のようにある。謹んで竜樹菩薩《りゅうじゅぼさつ》の十住毘婆沙《じゅうびばしゃ》を案ずるに云く、菩薩が不退転の位を求めるのに二種の道があり、一には難行道、二には易行道である。（以下法然の私註）この中の難行道とは聖道門であり、易行道とは浄土門である。浄土宗の学者はまずこの旨をよく知るべきであり、たとえ前から聖道門を学んでいる人であっても、もし浄土門に入る志のある者は、すべからく聖道を棄《す》てて浄土に帰依すべきである。

また、善導《ぜんどう》和尚が正行・雑行《ぞうぎょう》の二行を立て、雑行を捨てて正行に帰すべしと説いた文があるが、（以下法然の私註）第一に読誦《どくじゅ》雑行《ぞうぎょう》とは上の観経《かんぎょう》等の往生浄土の経を除いて、それ以外の大小乗・顕密《けんみつ》の諸経を受持読誦するのをことごとく読誦雑行と名づけるのである。第三に礼拝《らいはい》雑行とは、上の弥陀《みだ》を礼拝するを除いて、それ以外の一切の諸仏菩薩等およびもろもろの世天等を礼拝し恭敬するのをことごとく礼拝雑行と名づけるのである。さらに私に結論すれば、善導の文を見れば、まさしく雑行を捨てて専修念仏を修行しなければならないのである。どうして百人が百人浄土に往生できる専修正行の念仏を捨てて、千人の中に一人も成仏できない雑修雑行に固執すべきであろうか。修行する者はよくこれを考えよ。

またいわく。貞元《じょうげん》入蔵録の中には、始め大般若経《だいはんにゃきょう》六百巻より法常住経《ほうじょうじゅうきょう》に終るまで、顕密の大乗経すべて六百三十七部・二千八百八十三巻が集録されているが、これらは皆観経に説かれる読誦大乗の一句に摂《せっ》せられる。但し、まさに知るべきである。観経において、しばらく随他意《ずいたい》の前には法華経等の読誦を読誦大乗の一句に摂して定散《じょうさん》諸行の往生も叶うとして許したが、随自意《ずいじい》の後にいたってはこれを許さず、還《かえ》って諸行定散の門を閉じてしまった。一たび開いて以後永く閉じないのは念仏の一門だけである。

またいわく。念仏の行者は必ず三心を具足しなければならないとの文が観無量寿経《かんむりょうじゅきょう》にある。同経の善導の疏《じょ》には、『問うて云く、もし念仏者と智解も修行も異り念仏をそしる人たちがあれば、念仏の行者はそれら外邪異見の難を防ぐべきである』あるいは『一歩か二歩しか進まぬうちに群賊《ぐんぞく》等が呼びかえすとは、これ別解《べつげ》・別行《べつぎょう》・悪見の人が念仏修行を妨げることを譬えているのである』と。このことについて自分（法然）が思うには、この中の一切の別解《べつげ》・別行《べつぎょう》・異学《いがく》・異見《いけん》等というのは聖道門の人々を指すのである」

第四段　まさしく一凶の所帰を明かす

また選択集の結句の文において法然は

「それ、速かに生死を離れようと欲するならば、二種の勝れた法の中には聖道門を閣《さしお》き、選んで浄土門に入れ。また浄土門に入ろうと欲するならば、正行・雑行の二行の中にはすべての雑行を抛《なげう》って、選んで専修念仏の正行に帰すべきである」といっている。

語訳

後鳥羽院《ごとばいん》　第八十二代後鳥羽天皇（一一八〇年～一二三九年）のこと。承久の乱で敗れ隠岐の島に流されたことにより、隠岐の法王とも呼ばれる。

法然《ほうねん》　日本の浄土宗（念仏宗）の開祖（一一三三―一二一二年）。源空《げんくう》ともいう。母が剃刀《かみそり》をのむ夢を見て源空をはらんだという。選択集《せんちゃくしゅう》の邪義をあらわし、捨閉《しゃへい》閣抛《かくほう》といって法華経を誹謗した。その誹謗が甚《はなは》しかったため、当時仏教界の権威であった叡山から糺弾《きゅうだん》され、承元元年（一二〇七年）土佐に遠流され、死後も勅によって墓を掘り起こされ死骸を鴨川に流された。また選択集の印板も焼き払われている。

選択集《せんちゃくしゅう》　法然の著わした謗法の書、選択本願念仏集という。その内容は、聖道門《しょうどうもん》・浄土門、難行・易行、正・雑の二行を立て、法華経を聖道・難行・雑行の中に入れ、捨閉閣抛の四字を以って誹謗している。

あまりにその邪義が甚しいので、当時においてすら並榎《なみえ》の定照《じょうしょう》の「弾選択《だんせんちゃく》」、斗賀尾《とがのお》の明慧《みょうえ》の「摧邪輪《さいじゃりん》」、「荘厳記」等によって破折されている。

十方《じっぽう》　東・西・南・北、東北・東南・西北・西南の八方に、上下二方を合わせて十方という。ここでは念仏が日本全土にひろまり、一切衆生を迷わせたことをいう。

道綽禅師《どうしゃくぜんじ》　中国の浄土宗七祖の第四祖（五六二―六四五年）。著書に「安楽集」二巻があり、その文に「未有《みう》一人得者《いちにんとくしゃ》」と法華経を誹謗した邪説がある。

聖道《しょうどう》・浄土《じょうど》の二門《にもん》　道綽が爾前《にぜん》経の中において、この二門を立てた。聖道門とは、この娑婆《しゃば》世界で悟りを開き成仏するための教えと修行。浄土門とは、この娑婆世界を穢土《えど》としてきらい、阿弥陀仏の本願にすがって往生《おうじょう》することを目的とした教えと修行。しかるに法然はこの道綽の説を拡大解釈して、聖道門の中に法華経を入れ誹謗したのである。

之《これ》に就《つ》いて二有り　道綽の聖道門の中に小乗・大乗の二ありとして、法華経を聖道門に含むとした法然の私見。

之に准じて之を思うに　道綽が爾前経について聖道門と浄土門を立て分け、聖道門を捨て浄土門に帰すべしと述べたことを、法然が拡大解釈して、聖道門の中に法華経を含めたときの言葉。

守護国家論に云く

「総じて選択集十六段に亘《わた》つて無量の謗法を作す根源は、偏《ひと》えに此の四字より起る。誤《あやま》れるかな、畏《おそ》ろしきかな」と。

この四字とは「准之思之」である。いわゆる法然の私見、拡大解釈はこれより始まる。

密大《みつだい》及《お》以《よ》び実大《じつだい》　密大とは真言、実大とは法華経。

真言　真言宗のこと。大日経《だいにっきょう》、金剛頂経《こんごうちょうきょう》、蘇悉地経《そしっちきょう》を所依《しょえ》の三部経とする。教義は、大日如来に対すれば釈尊は無明《むみょう》の辺域《へんいき》、はきもの取りにも及ばずと貶《おと》し、また法華経を第三戯論《けろん》と下し、さらに一念三千の法門を天台宗から盗み、「理同事勝」の誑言《おうげん》を構えている。大聖人はこれを「真言は亡国の悪法」（秋元御書）と破折遊ばされている。

仏心《ぶっしん》　禅宗のこと。この宗は坐禅入定《ざぜんにゅうじょう》によってのみ自証《じしょう》体得できると説く。仏心を月にたとえ、経文を月をさす指にすぎない等といい、「教外別伝《きょうげべつでん》・不立文字《ふりゅうもんじ》」の邪義を立てている。秋元御書には、「禅宗は天魔の所為」と仰せである。

天台　天台法華宗のこと。わが国では伝教大師が入唐して、道邃《どうずい》和尚より天台の法門を伝承した。大師は桓武天皇に上表し、六宗を糾明《きゅうめい》した。このことにより天台法華宗は、日本の仏教界の中心となった。しかし第三・第四の座主、慈覚・智証によって真言の邪法に染まり、全く力を失なってしまった。

地論《じろん》　地論宗。天親菩薩の「十地経論」によって立てた宗派。後に華厳宗に摂せられる。

摂論《しょうろん》　無著菩薩の「摂大乗論」によって立てた宗派。後に法相《ほっそう》宗に属す。

曇鸞法師《どんらんほっし》　中国の念仏宗の開祖(四七六―五四二年)。浄土門七祖のうち第三祖にあたる。「往生論註」二巻、「讃阿弥陀仏偈《さんあみだぶつげ》」などを著わす。往生論に法華経を難行道として誹謗している。

竜樹菩薩　付法蔵の第十三。仏滅後七百年ごろ南インドに出て、おおいに大乗の教義をひろめた。「大智度論」百巻、「十二門論」一巻、「十住毘婆沙論《じゅうじゅうびばしゃろん》」十七巻、「中観論」四巻などがある。正法時代の正師。しかるに曇鸞は、勝手にその説を曲会して用いた。

阿毘跋致《あびばっち》　不退転の境地。

難行道とは即ち是れ聖道門なり　竜樹の十住毘婆沙は法華以前の爾前について難易を分けたのであって、法然は勝手に法華経を難行道に入れ聖道門に摂し、これを捨てさせた。ゆえに日寛上人云く「豈《あ》に無間の業にあらずや、責めずんばあるべからず、恐れずんばあるべからず」と。

善導和尚《ぜんどうわじょう》　中国の念仏宗第三祖（六一八―六八一年）。称名念仏を勧め、ついに「此身厭《いと》うべし、吾将《われまさ》に西に帰らんとす」といって、自ら柳の枝に首をつり、極楽《ごくらく》往生《おうじょう》をはかったが果たせず、腰骨を打ち砕き十四日間苦しみ抜いて臨終に悪相を現じた。

読誦雑行《どくじゅぞうぎょう》　日寛上人の文段に「五種の雑行あり。これ五種の正行に対する故なり。第一は読誦《どくじゅ》、第二は観察《かんさつ》、第三は礼拝《らいはい》、第四は称名《しょうみょう》、第五は讃歎供養《さんたんくよう》なり。今第一・第三を出す、読誦は経を謗ずるに在り、礼拝は仏に逆《さから》うに在る故なり云云」と。

観経《かんぎょう》　浄土の三部経の一つで方等部に属する。詳しくは観無量寿仏経という。ここに「観経等の往生浄土の経」とあるは、これに無量寿経・阿弥陀経を含める。

世天《せてん》　人界の神および諸天善神をいう。

百即百生　弥陀を念じ、その名号を唱えれば百人が百人ともに極楽浄土へ往生できるという善導の邪義。

千中無一　浄土の教え以外は千人中一人も得道しないという善導の言。これを法然は拡大し、法華経をも千中無一と誹謗した。

貞元入蔵録《じょうげんにゅうぞうろく》　唐の徳宗の貞元年中（七八五―八〇四年）

に、僧・円照が勅命によって選んだ経巻の種目。

大般若経《だいはんにゃきょう》　釈尊が方等部の次に説いた経文。訳には羅什《らじゅう》三蔵訳の「大品般若経」四十巻と、玄奘《げんじょう》三蔵訳の「大般若経」六百巻がある。本文の意は玄奘訳の「大般若経」六百巻である。

随他《ずいた》　衆生の機根に応じて説くこと。本来は無量義経に「性欲《しょうよく》不同、種々に説法す、四十余年未だ真実を顕わさず」とあるように、法華経以前を以て随他意となし、法華経を以て随自意とする。しかし法然は仏説によらず、浄土の三部経を以て随自となし、それ以外を随他とする邪義をここで述べている。

定散《じょうさん》　観無量寿経で極楽浄土へ往生する方法として、十六種の観法と三福（行善・戒善・世善）の修行を説く。この十六観のうち前の十三観を定善《じょうぜん》といい、後の三観および三福を散善という。しかし法然は、この定散ともに仏の随他の教えで末法のためでなく、念仏の一行のみが仏の随自の教えで末法のための法であると主張した。これも法華経誹謗の邪説である。

三心《さんじん》　観経に「一には至誠心《しじょうしん》、二には深心《じんしん》、三には回向《えこう》発願心《ほつがんしん》」とある。

同経の疏《じょ》　善導の著わした観経の疏のこと。

解行《げぎょう》の不同《ふどう》・邪雑《じゃぞう》の人《にん》　聖道門の人は念仏の行者と智解も修行も同じでないから、解行不同といい、念仏をそしる聖道門の人を、邪雑の人としているのである。日寛上人の文段には「『解行の不同』とは、聖道門の解行は浄土門に同じからざる故なり。次の『別解・別行』もまた其の意なり。浄土門の外を別解・別行というなり」とある。

外邪異見の難を防がん　念仏者以外を外道・邪見の者として、その難を防いで念仏を修行せよとの意。

群賊《ぐんぞく》等《とう》喚《よ》び廻《かえ》す　別解・別行・悪見の人、すなわち聖道門の悪見の人のことばに従うなと善導が念仏者に警告しているところであるが、法然は竜樹・天親・南岳・天台・妙楽・伝教等の聖人を皆群賊の中に入れて誹謗している。

最後結句の文　日寛上人の文段には「これ十六段総結の文なり。閣抛《かくほう》の二字の出処なり」とある。

講義

ここにおいて大聖人は、はっきりと謗法の悪比丘《あくびく》の名を「法然というもの有り」と挙げ給うた。諸宗はすべて謗法であるが、とりわけ、当時日本国の上下を深く誑《たぶ》らかしていたのが法然の邪義であるから、謗法の代表、天下災害の根元としてこれを破折されたのである。

仏法に無智な一国大衆から、生き仏のごとく崇《あが》められていた法然ではあるが、仏法の鏡に照した時、彼がいかに法華経誹謗の大罪を犯しているか、主人はこれを示さんとして、法然の選択集《せんちゃくしゅう》の中から、最も謗法の顕著な文を抜き出し、証拠とされたのである。

この選択の文により法然の教義の立て方を見るに、全くのデタラメ、その杜撰《ずさん》と狡猾《こうかつ》と無慚《むざん》さとにはあきれ果てるの他《ほか》はない。彼は中国・念仏の始祖である曇鸞《どんらん》・道綽《どうしゃく》・善導《ぜんどう》の悪義を引用しているが、それに勝手な尾ひれを付け、甚しい法華経誹謗をなしているのである。

たとえば、道綽はもちろん一代五時の立てわけを知らず念仏の邪義を唱えた者ではあるが、彼の聖道門・浄土門の立てわけ方は、爾前の権大乗の中において聖道・浄土の二門を立てたのであって、実大乗たる法華経を聖道門の中に入れてけなしたのではない。しかるに法然はこのことを百も承知の上で、いきなり「之に准《じゅん》じて之を思うに」といって勝手な私見をつけ加えている。これはまさにごまかしであって、法然の欺瞞《ぎまん》に満ちた性格がここに表われている。

法然の論法はすべてこれである。ゆえに大聖人は守護国家論に
「総じて選択集の十六段に亘《わた》って無量の謗法を作す根源は偏《ひとえ》に此の四字より起る。誤れるかな、畏《おそろ》しきかな」

と仰せられている。「此の四字」とはいうまでもなく「准《じゅん》之《し》思《し》之《し》」の四字である。

かくして法然は、道綽《どうしゃく》の説いた「聖道門」、曇鸞《どんらん》の説いた「難行道」、善導の説いた「雑行」等の中に、勝手に法華経を入れ、三師の権威を借りて法華経に対し「捨《しゃ》・閉《へい》・閣《かく》・抛《ほう》」と罵《ののし》ったのである。

また彼のいう「随他・随自」なども、天台大師の言葉をぬすんで勝手な用い方をしただけで、何らの根拠もない。さらに「定散の門の開閉」などは、彼の念仏の三部経にもその文がない作りごとである。

法然に限らず、およそ仏法を曲げる者の論法はみなこのようなものであるが、とりわけ自己の名利のため、ただ一つの成仏の法である法華経を、大衆の無智につけこみ捨てさせた法然の所行こそ、無慚の限り、憎みてもあまりあるものである。

されば大聖人は開目抄に
「三仏の、未来に法華経を弘めて未来の一切の仏子にあたえんとおぼしめす御心の中をすいするに、父母の一子の大苦に値《あ》うを見るよりも強盛にこそみへたるを、法然いたわしともおもはで、末法には法華経の門を堅く閉じて人を入れじとせき、狂児《おうに》をたぼらかして宝を捨てさするやうに法華経を抛《なげすて》させける

心こそ、無慚《むざん》に見へ候へ」
と呵責《かしゃく》遊ばすのである。

二、法然の謗法を断ず

本文

之《これ》に就《つ》いて之《これ》を見《み》るに、曇鸞《どんらん》・道綽《どうしゃく》・善導《ぜんどう》の謬釈《みょうしゃく》を引《ひ》いて聖道浄土《しょうどうじょうど》・難行易行《なんぎょういぎょう》の旨《むね》を建《た》て、法華真言惣《ほっけしんごんそう》じて一代《いちだい》の大乗六百三十七部《だいじょうろっぴゃくさんじゅうしちぶ》・二千八百八十三巻《にせんはっぴゃくはちじゅうさんかん》・一切《いっさい》の諸仏菩薩及《しょぶつぼさつおよ》び諸《もろもろ》の世天等《せてんとう》を以《もっ》て皆聖道《みなしょうどう》・難行《なんぎょう》・雑行等《ぞうぎょうとう》に摂《せっ》して、或《あるい》は捨《す》て、或《あるい》は閉《と》じ、或《あるい》は閣《さしお》き、或《あるい》は抛《なげう》つ、此《こ》の四字《しじ》を以《もっ》て多《おお》く一切《いっさい》を迷《まよ》わし、剰《あまつさ》え三国《さんごく》の聖僧十方《しょうそうじっぽう》の仏弟《ぶってい》を以《もっ》て皆群賊《みなぐんぞく》と号《ごう》し、併《あわ》せて罵詈《めり》せしむ。近《ちか》くは所依《しょえ》の浄土《じょうど》の三部経《さんぶきょう》の唯除五逆誹謗正法《ゆいじょごぎゃくひぼうしょうぼう》の誓文《せいもん》に背《そむ》き、遠《とお》くは一代五時《いちだいごじ》の肝心《かんじん》たる法《ほ》

華《け》経《きょう》の第《だい》二《に》の若《にゃく》人《にん》不《ふ》信《しん》毀《き》謗《ぼう》此《し》経《きょう》乃《ない》至《し》其《ご》人《にん》命《みょう》終《じゅう》入《にゅう》阿《あ》鼻《び》獄《ごく》の誡《かい》文《もん》に迷《まよ》う者《もの》なり。

通釈

この選《せん》択《ちゃく》の文を見て思うに、法然は曇《どん》鸞《らん》・道《どう》綽《しゃく》・善《ぜん》導《どう》の誤った釈を引いて、聖道・浄土、難行・易行の旨を立て、法華・真言を始め総じて一代の大乗経六百三十七部・二千八百八十三巻の経文と、一切の諸仏・菩薩及びもろもろの世天（諸天善神）をみな聖道・難行・雑行の中に入れ、あるいは「捨《す》」て、あるいは「閉《と》」じ、あるいは「閣《さしお》」き、あるいは「抛《なげう》」つといい、この四字を以って多くの民衆を迷わし、その上、印度・中国・日本の聖僧（竜樹・天親・天台・伝教等）十方の仏弟子をみな群賊といって罵《のの》っている。

この所行こそ、近くは念仏宗が依りどころとしている浄土の三部経の「念仏を唱えれば浄土に往生できるが、ただ五逆罪の者と正法を誹謗する者だけは除く」との誓《せい》文《もん》に背き、遠くは一代五時の肝心である法華経第二巻の「もし人信ぜずしてこの法華経を毀《き》謗《ぼう》するならば、その人は命終ってのち阿《あ》鼻《び》地《じ》獄《ごく》に入るであろう」との誡文に迷うものである。

第四段　まさしく一凶の所帰を明かす

語訳

謬釈《みようしやく》　誤った解釈。

三国の聖僧《しようそう》　インドの竜樹・天親、中国の天台・章安・妙楽、日本の伝教・義真等の正しく仏法を弘めた人々の総称。

唯除五逆誹謗正法《ゆいじよごぎやくひぼうしようぼう》**の誓文**《せいもん》　念仏の依経である無量寿経には、阿弥陀仏が法蔵比丘と称して因位の修行をしていた時四十八願を立てたことが説かれているが、その中で、「もし我れ仏を得たらんに、十方の衆生至心に信《しん》楽《ぎよう》して我が国に生ぜんと欲し、乃至、十念せんに、もし生ぜずんば正覚を取らじ、唯五逆と正法を誹謗するとを除く」とある。まさに法然の所行は誹謗正法の大罪を犯し、自宗所依の経文にも背くものである。

一代五時　釈尊一代五十年の説法を、天台大師は説法の順序にしたがって、華厳《けごん》・阿含《あごん》・方等《ほうとう》・般若《はんにや》・法華《ほつけ》涅槃の五時にわけた。

法華経の第二　妙法蓮華経第二巻にある譬喩品《ひゆほん》の文。

阿鼻獄《あびごく》　阿鼻は梵語で無間の意。苦を受けること間断なきゆえにこの名がある。仏がこの地獄の苦を具《つぶ》さに説くと、聴く人は血を吐《は》いて死ぬという。ゆえに経文にはこの地獄の苦を説いていない。

誡文《かいもん》　仏が衆生の謗法を誡《いまし》める文。

講義

ここは法然が、選択《せんちやく》で甚しく仏・法・僧を誹謗したその重罪を呵責し給うところである。

「曇鸞《どんらん》・道綽《どうしやく》・善導《ぜんどう》の謬釈《みようしやく》」とあるのは、奪って「謬釈《みようしやく》」とされたのである。当世念仏者無間地獄事

の

「浄土の三師に於ては書釈を見るに難行・雑行・聖道の中に法華経を入れたる意粗《ほぼ》之有り、然りと雖も法然が如き放言の事之無し」

のごとく、曇鸞・道綽・善導も、あらわには云わないものの、法華経を聖道門に入れた義が粗《ほぼ》ある。よってここでは奪ってかく仰せられた。しかし法然はこれら三人の謬釈に、更に輪《わ》をかけ甚しい悪口をいったのである。

また「法華・真言」とあるが、この「真言」とは叡山《えいざん》に伝わるところの真言であって、空海《くうかい》の真言とは関係がない。

而して、法然こそ、近くは自宗の経文にも背き、遠くは法華経の「若人不信《にゃくにんふしん》」の誡文にも当る者で、無間地獄は絶対に脱《のが》れられないと強く破責し給うのである。

御本仏からこのようにはっきりいわれたのであるから、法然の無間地獄行きは絶対に間違いないところである。

三、法然の謗法を結す

本文

是《ここ》に於《お》いて代《よ》末《まつ》代《だい》に及《およ》び人《ひと》聖《しょう》人《にん》に非《あら》ず、各《おのおの》冥《みょう》衢《く》に容《い》りて並《なら》びに直《じき》道《どう》を忘《わす》る、悲《かな》しいかな瞳《どう》矇《もう》を樹《う》たず、痛《いたまし》いかな徒《いたずら》に邪《じゃ》信《しん》を催《もよお》す。故《ゆえ》に上《かみ》国《こく》王《おう》より下《しも》土《ど》民《みん》に至《いた》るまで、皆《みな》経《きょう》は浄《じょう》土《ど》三《さん》部《ぶ》の外《ほか》の経《きょう》無《な》く、仏《ほとけ》は弥《み》陀《だ》三《さん》尊《ぞん》の外《ほか》の仏《ほとけ》無《な》しと謂《おも》えり。仍《よ》つて伝《でん》教《ぎょう》・義《ぎ》真《しん》・慈《じ》覚《かく》・智《ち》証《しょう》等《とう》、或《あるい》は万《ばん》里《り》の波《は》濤《とう》を渉《わた》りて渡《わた》せし所《ところ》の聖《しょう》教《きょう》、或《あるい》は一《いっ》朝《ちょう》の山《さん》川《せん》を廻《めぐ》りて崇《あが》むる所《ところ》の仏《ぶつ》像《ぞう》、若《も》しくは高《こう》山《ざん》の巓《いただき》に華《け》界《かい》を建《た》てて以《もっ》て安《あん》置《ち》し、若《も》しくは深《しん》谷《こく》の底《そこ》に蓮《れん》宮《ぐう》を起《た》てて以《もっ》て崇《そう》重《ちょう》す、釈《しゃ》迦《か》薬《やく》師《し》の光《ひかり》を並《なら》ぶるや威《い》を現《げん》当《とう》に施《ほどこ》し、虚《こ》空《くう》地《ち》蔵《ぞう》の化《け》を成《な》すや益《やく》を生《しょう》後《ご》に被《こうむ》らしむ、故《ゆえ》に国《こく》主《しゅ》は郡《ぐん》郷《ごう》を寄《よ》せて以《もっ》て灯《とう》燭《しょく》を明《あきらか》にし、地《ぢ》頭《とう》は田《でん》園《えん》を充《あ》てて以《もっ》て供《く》養《よう》に備《そな》う。而《しか》るを法《ほう》然《ねん》の選《せん》択《ちゃく》に依《よ》つて則《すなわ》ち教《きょう》主《しゅ》を忘《わす》れて西《さい》土《ど》の仏《ぶつ》駄《だ》を貴《たっと》び、付《ふ》属《ぞく》を抛《なげう》ちて東《とう》方《ほう》の如《にょ》来《らい》を閣《さしお》き、唯《ただ》四《し》巻《かん》三《さん》部《ぶ》の経《きょう》典《てん》を専《もっぱら》にして空《むな》しく一《いち》代《だい》五《ご》時《じ》の妙《みょう》典《でん》を抛《なげう》つ、是《ここ》を以《もっ》て弥《み》陀《だ》の堂《どう》に非《あら》ざれば皆《みな》供《く》仏《ぶつ》の志《こころざし》を止《とど》め、念《ねん》仏《ぶつ》の者《もの》に非《あら》ざれば早《はや》く施《せ》僧《そう》の懐《おも》いを忘《わす》る。故《ゆえ》に仏《ぶつ》堂《どう》零《れい》落《らく》して瓦《が》松《しょう》の煙《けむり》老《お》い、僧《そう》房《ぼう》荒《こう》廃《はい》して庭《てい》草《そう》の露《つゆ》深《ふか》し。然《しか》りと雖《いえど》も各《おのおの》護《ご》惜《しゃく》の心《こころ》を捨《す》てて並《なら》びに建《こん》立《りゅう》の思《おもい》を廃《はい》す、是《ここ》を以《もっ》て住《じゅう》持《じ》の聖《しょう》僧《そう》行《ゆ》きて帰《かえ》らず、守《しゅ》護《ご》の善《ぜん》神《じん》去《さ》りて来《きた》ること無《な》し、是《こ》れ偏《ひとえ》に法《ほう》然《ねん》の選《せん》択《ちゃく》に依《よ》るなり。悲《かなし》いかな数《すう》十《じゅう》年《ねん》の間《あいだ》百《ひゃく》千《せん》万《まん》の人《ひと》魔《ま》縁《えん》に蕩《たぼら》かされて多《おお》く仏《ぶっ》教《きょう》に迷《まよ》えり、謗《ぼう》を好《この》んで正《しょう》を忘《わす》る、善《ぜん》神《じん》怒《いかり》を成《な》さざらんや。円《えん》を捨《す》てて偏《へん》を好《この》む、悪《あっ》鬼《き》便《たよ》りを得《え》ざらんや。如《し》かず、彼《か》の万《ばん》祈《き》を修《しゅう》せんより此《こ》の一《いっ》凶《きょう》を禁《きん》ぜんには。

通釈

この法然の選《せん》択《ちゃく》により、代も末代で人も聖人でないから、人々はみな暗い道に入って成仏の直道を忘れてしまった。悲しいかな目を開く者は一人もない、痛ましいかないたずらに邪信を増すばかりである。ゆえに上は国王から下は土民に至るまで、みな経文といえば浄土の三部経以外にはなく、仏といえば弥《み》陀《だ》三尊以外にはないと思っている。

よって、伝教・義真・慈覚《じかく》・智証《ちしょう》らが、あるいは万里の波濤《はとう》を渡ってこの国にもたらした経典や、あるいは国中をめぐって崇めた仏像は、あるいは高山の頂きに仏堂を建てて安置されたり、もしくは深谷《しんこく》の底に堂宇を建てて崇重された。

そして叡山《えいざん》では、釈迦・薬師の二仏が光を並べて威光を現当二世に及ぼし、般若谷《はんにゃだに》・戒心谷《かいしんだに》では虚空《こくう》・地蔵《じぞう》の二菩薩が化を成して利益を今生後生に被《こうむ》らしめた。ゆえに国主は一郡一郷を寄進して灯燭《とうしょく》を輝かし、地頭は田園を充《あ》ててその供養に備《そな》えた。かくのごとく法華経を中心とする比叡山は栄えたのである。

しかるにいま法然の選択によって、有縁の教主を忘れて無縁の西方の阿弥陀《あみだ》を貴び、付属を無視して叡山に伝持される東方薬師如来を閣《さしお》き、ただ四巻三部の浄土の経典のみを読誦して一代五時の妙典を空しく抛ってしまった。

このために、弥陀の堂でなければ人々は供養の志を捨て、念仏の僧でなければ布施《ふせ》の思いを忘れるに至った。ゆえに仏堂は零落《れいらく》して瓦には苔《こけ》が生え、僧房は荒廃していたずらに庭草のみ生い茂っている。

しかしながらこのような有様になっても、人々は仏法を護り惜しむ心を捨て、仏堂建立の思いをなくしてしまったのである。

このゆえに、仏法を守る住持の聖僧も行って帰らず、守護の善神も去って来ることがない。このようになったのは、ひとえに法然の選択に依るのである。

悲しいかな、数十年の間、百千万の人が魔縁にたぼらかされて仏法に迷ってしまった。謗法を好んで正法を忘れたのである、どうして善神が怒らぬことがあろうか。円経を捨てて偏経を好んだのである、どうして悪鬼が便りを得ないことがあろうか。

もし国土の災難を止《と》めようとするならば、かの万祈《ばんき》を修するよりは、この一凶たる法然の謗法を禁ずべきである。

語訳

末代《まつだい》　正像二千年すぎて、闘諍堅固《とうじょうけんこ》・白法隠没《びゃくほうおんもつ》の末法をいう。

冥衢《みょうく》に容《い》りて　冥は暗い、衢《く》は道のこと。正法を見失い、念仏等の邪教に迷わされている姿を、暗い道に迷う姿にたとえている。

直道《じきどう》　一生成仏への正しい道。

瞳矇《どうもう》を樹《う》たず　瞳とは目のひとみ、矇とは明らかでないこと。すなわち誰一人として目を開き、正邪を分別する者がいないことをいう。

弥陀三尊《みださんぞん》　阿弥陀仏と脇士の観世音《かんぜおん》、勢至《せいし》の二菩薩をいう。浄土宗ではこの三尊を本尊とする。

伝教《でんぎょう》　伝教大師（七六七―八二二年）、諱《いみな》は最澄。天台の後身といわれ、日本天台宗の開祖。像法の末期すなわち平安朝初期に出現し、桓武《かんむ》・平城《へいぜい》・嵯峨《さが》と三代の天皇の信任を受け、日本に初めて法華経迹門の戒壇を建立した聖人である。

義真《ぎしん》　（七八一―八三三年）、伝教大師の跡を継いで比叡山第一の座主《ざす》となった。日蓮大聖人は、「義真・円澄は第一第二の座主なり、第一の義真計《ばか》り伝教大師ににたり」（報恩抄）と仰せられている。

慈覚《じかく》　（七九四―八六四年）、伝教大師の第三の弟子でありながら天台宗義に真言の邪義を取り入れた。すなわち〝法華経と真言三部経は所詮の理は同じであるが、密印と真言の事は法華経にはない。真言三部経は事理《じり》倶密《くみつ》であるから勝れている〃等と理同事勝《りどうじしょう》の誑言《おうけん》を構えた。大聖人は撰時抄に「これよりも百千万億倍、信じがたき最大の悪事はんべり」と慈覚の邪義を破折遊ばされている。

智証《ちしょう》　（八一四―八九一年）比叡山第四の座主。日本仏教界の最高権威の立場にありながら、慈覚以上に真言の悪法を重んじ、日本仏教混濁の源をなした。

一朝《いっちょう》　日本全体をさす。

華界《けかい》・蓮宮《れんぐう》　ともに仏堂のこと。華界とは蓮華世界の略。仏・菩薩の住処をいう。華界と蓮宮は対となっている。

釈迦・薬師の光を並ぶるや　比叡山における天台宗の隆盛のさま。叡山は西塔に釈迦如来を安置し、さらに東塔止観院・根本中堂には薬師如来を安置して本尊としている。但しこの薬師は通常の薬師ではなく、「譬如《ひにょ》良医《ろうい》」の寿量品の大薬師である。ゆえに釈尊を薬師と習うのである。

現当《げんとう》　現世および未来世のこと。

虚空《こくう》・地蔵《じぞう》　虚空蔵菩薩と地蔵菩薩のこと。

益《やく》を生後《しょうご》に被《こうむ》らしむ　生後とは今生・後生のこと。仏法の利益を現当二世にわたって与えるというもの。

郡郷《ぐんごう》を寄《よ》せて　昔、天皇・将軍等は、帰依する寺社に一郡・一郷を単位とする広大な領地を寄進して燈明料に代えた。大寺の荘園がこれである。これに対して一郡・一郷の主である地頭は、領地の一部である田園を寄進した。

教主　有縁の仏をさす。正像においては脱益の教主釈尊であり、末法においては本因妙の教主日蓮大聖人である。

西土《さいど》の仏駄《ぶつだ》　西方《さいほう》十万億の国土に住する阿弥陀如来のこと。ゆえに娑婆《しゃば》世界の我等衆生とは縁のない他土の仏である。

付属《ふぞく》を抛《なげう》ちて　釈尊は法華経の嘱累《ぞくるい》品において、薬王等の迹化《しゃっけ》の菩薩に迹門の法華経を付属した。これに従い薬王の再誕として天台大師が出現し、さらにその後身として伝教大師が日本に出現し、寿量の仏を秘して東方浄瑠璃《じょうるり》世界の教主・薬師如来を本尊と立てた。しかるに法然が弥陀一仏を尊しとして、薬師如来をないがしろにしているのは、この釈迦の付属を抛《なげう》ったことになる。

元意は、本化地涌の菩薩に対する神力品の別付嘱を抛《なげう》ち、三徳有縁《うえん》の御本仏日蓮大聖人を閣《さしお》く意である。

四巻三部　浄土の三部経のこと。無量寿経一部二巻、観無量寿経一部一巻、阿弥陀経一部一巻。

一代五時の妙典《みょうでん》　釈尊一代五十年の説法全部をさす。妙典とは、通じて一切経を妙法と名づけるゆえである。

供仏《くぶつ》　仏に供養すること。

施僧《せそう》　僧侶に金銭や品物を布施すること。

瓦松《がしょう》の煙老い　「瓦松」とは、建物が古くなって屋根の瓦《かわら》に苔《こけ》が生え、遠くから見ると松のように見えるさま。「煙老い」とは、かまどの煙も細々として活気がなく、零落しているありさまをいう。

住持《じゅうじ》　寺に居住して行学に励む僧。

聖僧《しょうそう》　正法を流布する僧。

数十年の間　日寛上人の文段には「法然四十二歳承安四年念仏興行の年より文応《ぶんのう》元年に至り、八十七年を経《ふ》るなり。建暦二年法然入滅の年より文応元年までは四十九年を経。故に『数十年』というか。法然入滅より十一年の後、貞応《じょうおう》元年蓮師誕生なり」とある。

謗・正・円・偏　正・円とは、完璧な教え、すなわち法華経をさす。謗・偏とは、不完全な教えで、爾前の諸経をさす。法華経を捨てて浄土三部経に執着しているのは、円を捨てて偏を好む姿である。

彼《か》の万祈《ばんき》　安国論の冒頭にある「利剣即是の文」より「国主国宰の徳政を行う」までの種々の祈禱をさす。

一凶《いっきょう》　ここでは念仏の邪義、法然の選択《せんちゃく》を以って破仏破国の元凶とせられている。

講義

法然の選択が、仏法に無智な一国大衆にどのような影響を与えたか、それがここに明されている。人々は悪いとも知らずに弥陀念仏に執着して、釈尊・法華経を抛《なげう》ってしまったのである。

本文には「東方如来」「一代五時の妙典」等を抛つとあるが、これ上の文の「諸仏衆経に於て捨離」云云の意と全く同じで、法然の選択に対応しての御表現である。したがってその元意は、釈尊・法華経を抛つ意であり、さらにその元意は、本因妙の釈尊・下種の法華経、すなわち日蓮大聖人および三大秘法を抛つの意である。

第四段　まさしく一凶の所帰を明かす

かくのごとく、一国が正に背き悪に帰した原因は、実に法然の選択にある。よってこれを国土の災難の根源たる一凶と断ぜられ、「如《し》かず、彼の万祈を修せんより此の一凶を禁ぜんには」と仰せあそばすのである。

当時法然は生き仏のごとく上下に崇《あが》められていたのである。これを「一凶」と断じ給うことは、やがて御自身の身命に及ぶことを御覚悟の上である。この御金言を拝する時、一切衆生の大苦を抜かんとする御本仏の、師子王のごとき大慈悲に、ただただ打たれるものである。

果せるかな、この御諫暁の翌月、松葉ヶ谷の草庵は暴徒に襲われ、以後波のごとき大難が打ち寄せてきたのである。

第五段　和漢の例を挙げ念仏亡国を示す

第一章　法然に対する破折を憤る

本文

客殊《きゃくこと》に色《いろ》を作《な》して曰《いわ》く、我《わ》が本師《ほんし》釈迦文《しゃかもん》、浄土《じょうど》の三部経《さんぶきょう》を説《と》きたまいてより以来《このかた》、曇鸞法師《どんらんほっし》は四論《しろん》の講説《こうせつ》を捨《す》てて一向《いっこう》に浄土《じょうど》に帰《き》し、道綽禅師《どうしゃくぜんじ》は涅槃《ねはん》の広《こう》業《ぎょう》を閣《さしお》きて偏《ひとえ》に西方《さいほう》の行《ぎょう》を弘《ひろ》め、善導和尚《ぜんどうわじょう》は雑行《ぞうぎょう》を抛《なげう》って専修《せんじゅ》を立《た》て、恵心僧《えしんそう》都《ず》は諸経《しょきょう》の要文《ようもん》を集《あつ》めて念仏《ねんぶつ》の一行《いちぎょう》を宗《しゅう》とす、弥陀《みだ》を貴重《きちょう》すること誠《まこと》に以《もっ》て然《しか》なり。又《また》往生《おうじょう》の人《にん》其《そ》れ幾《いく》ばくぞや。就中《なかんずく》法然聖人《ほうねんしょうにん》は幼少《ようしょう》にして天台山《てんだいさん》に昇《のぼ》り、十七《じゅうしち》にして六十《ろくじっ》巻《かん》に渉《わた》り、並《なら》びに八宗《はっしゅう》を究《きわ》め、具《つぶさ》に大意《たいい》を得《え》たり。其《そ》の外《ほか》一切《いっさい》の経論《きょうろん》七遍《しちへん》反覆《はんぷく》し、章疏《しょうじょ》伝記《でんき》究《きわ》め看《み》ざることなく、智《ち》は日月《にちがつ》に斉《ひと》しく、徳《とく》は先《せん》師《し》に越《こ》えたり。然《しか》りと雖《いえど》も猶《なお》出離《しゅつり》の趣《おもむき》に迷《まよ》いて涅槃《ねはん》の旨《むね》を弁《わきま》えず、故《ゆえ》に遍《あまね》く覿《み》、悉《ことごと》く鑑《かんが》み、深《ふか》く思《おも》い、遠《とお》く慮《おもんぱか》り、遂《つい》に諸経《しょきょう》を抛《なげう》ちて専《もっぱ》ら念仏《ねんぶつ》を修《しゅ》す。其《そ》の上《うえ》一夢《いちむ》の霊応《れいおう》を蒙《こうむ》り、四裔《しえい》の親疎《しんそ》に弘《ひろ》む。故《ゆえ》に或《あるい》は勢至《せいし》の化身《けしん》と号《ごう》し、或《あるい》は善《ぜん》導《どう》の再誕《さいたん》と仰《あお》ぐ。然《しか》れば則《すなわ》ち十方《じっぽう》の貴賤《きせん》頭《こうべ》を低《た》れ、一朝《いっちょう》の男女《なんにょ》歩《あゆみ》を運《はこ》ぶ。爾《しか》しより来《このかた》春秋《しゅんじゅう》推《お》し移《うつ》り、星霜《せいそう》相《あ》い積《つも》れり。而《しか》るに忝《かたじけ》なくも釈尊《しゃくそん》の教《おしえ》を疎《おろそ》かにして、恣《ほしいまま》に弥陀《みだ》の文《もん》を譏《そし》る。何《なん》ぞ近年《きんねん》の災《わざわい》を以《もっ》て聖代《せいだい》の時《とき》に課《おお》せ、強《あなが》ちに先師《せんし》を毀《そし》り更《さら》に聖人《しょうにん》を罵《ののし》るや。毛《け》を吹《ふ》いて疵《きず》を求《もと》め、皮《かわ》を剪《き》りて血《ち》を出《いだ》す。昔《むかし》より今《いま》に至《いた》るまで此《か》くの如《ごと》き悪言《あくげん》未《いま》だ見《み》ず、惶《おそ》るべく、慎《つつし》むべし。罪業《ざいごう》至《いた》つて重《おも》し、科條《かじょう》争《いか》でか遁《のが》れん。対座《たいざ》猶《なお》以《もっ》て恐《おそ》れ有《あ》り、杖《つえ》を携《たずさ》えて則《すなわ》ち帰《かえ》らんと欲《ほっ》す。

通釈

客はさらに憤《ふん》怒《ぬ》の色を増《ま》していわく。

わが本師釈《しゃ》迦《か》牟《む》尼《に》仏《ぶつ》が浄土の三部経を説いてより、曇《どん》鸞《らん》法《ほっ》師《し》はそれまで学んできた竜《りゅう》樹《じゅ》菩薩の中観論等の四《し》論《ろん》を捨てて一向に浄土に帰し、道《どう》綽《しゃく》禅師はそれまで修行していた涅《ね》槃《はん》宗の広《こう》業《ぎょう》を閣《さし》いてひたすら西方浄土の行《ぎょう》を弘め、善《ぜん》導《どう》和尚は雑《ぞう》行《ぎょう》を抛《なげう》って専修念仏を立て、叡《えい》山《ざん》の慧《え》心《しん》僧《そう》都《ず》は諸経の要文を集めて念仏の一行をあがめた。まことに、多くの名僧が弥《み》陀《だ》を貴重したことはかくのごとくである。また念仏によって極楽に往生した人はどれほど多くの数にのぼることであろうか。

なかんずく法《ほう》然《ねん》聖《しょう》人《にん》は幼少から比叡山に上《のぼ》り、十七歳にしてすでに天台宗の奥義たる天台・妙楽の六十巻を読破し、さらに八宗を究《きわ》めて具《つぶ》さにその大意を得られた。そのほか一切の経論を七回もくり返えし読み、さらに経論を解釈した章《しょう》疏《じょ》や伝記等はすべて見きわめ、まさにその智慧は日月にひとしく、徳は念仏の三師に越えている。しかしそれでもなお、これらは難行で末代相応の行ではないから真の悟りを得るには至らず、よって更に広く経論を尋ね見、深く思い、遠くおもんぱかり、ついに諸経を抛ってもっぱら念仏の一行を立てた。その上、あるとき夢に善導を見ていよいよ確信を深め、それより国中の人々に念仏を弘めたのである。ゆえに人々は法然聖人を勢《せい》至《し》菩薩の化身といい、あるいは善導の再誕と仰いだ。されば十方の貴賤は頭をたれ、国中の男女は歩を運び崇《すう》仰《ぎょう》するにいたった。

第五段　和漢の例を挙げ念仏亡国を示す

それより以来長い年月が経《た》った。しかるに貴方《あなた》はもったいなくも釈尊の説かれた念仏の教えをおろそかにし、ほしいままに弥陀をそしっている。どうして近年の災難を以って、数十年前の聖代の法然聖人にその原因があると罪をきせ、強《し》いて念仏の祖師達をそしり、さらに法然聖人を罵《ののし》るのか。人をそしれば自分も傷《きず》つこう、毛を吹いて疵《きず》を求め、皮を切って血を出すとはこのことである。昔より今にいたるまで、このような悪言は未だ見たことがない。聖人をののしる罪まことに恐るべく、慎《つつし》むべきである。その罪業はいたって重く、罪科《ざいか》はどうして脱《のが》れることができようか。対座するだけでもなお与同罪の恐れがある。さっそく杖をたずさえて帰ろうと思う。

語訳

客殊《こと》に色を作して　日寛上人云く「すでに法然の名を出して正しく悪比丘という。故に客憤《ふん》怒《ぬ》して色を増す。故に『殊に』というなり」と。

釈迦文《しゃかもん》　釈迦仏のこと。釈迦牟《む》尼《に》の音を「文」の字に写した。

四論《しろん》　竜樹《りゅうじゅ》菩薩の「中観論」「十二門論」「大智度論」、および提婆《だいば》菩薩と世親《せじん》菩薩の「百論」を四論という。

涅槃《ねはん》の広業《こうぎょう》　道綽《どうしゃく》は、始め涅槃宗によって修行したが、のちに浄土宗に移って涅槃宗を捨てた。浄土三部経が念仏の一行を重んずるのに対し、涅槃経は広く聖行・天行・梵行・病行・嬰児行の五行を明かすゆえに広業という。あるいはまた浄土三部経は四巻の小冊であるのに対し、涅槃経は四十巻の大部であるゆえに広業という。

慧心僧都《えしんそうず》　比叡山の第十八代座主・慈慧《じえ》大師の弟子で権少僧都《そうず》・慧信源信（九四二—一〇一七年）のことで、

日本の念仏の元祖と云われている。すなわち「往生要集」三巻を作り、念仏の一行を宗としたが、後に「一乗要決」を作って非を懺悔《ざんげ》し、法華経こそ一乗真実の理なることを明らかにした。

六十巻　天台大師の「法華玄義《ほっけげんぎ》」「法華文句《ほっけもんぐ》」「摩訶止《まかし》観《かん》」の各十巻合わせて三十巻と、妙楽大師の「法華玄義釈籤《しゃくせん》」「法華文句記」「摩訶止観輔行伝弘決《ふぎょうでんぐけつ》」の各十巻合わせて三十巻。総じて六十巻をいう。

八宗　華厳・三論・法相《ほっそう》・倶舎《ぐしゃ》・成実《じょうじつ》・律・真言・天台の八宗。

徳は先師に越えたり　ここでいう先師とは中国浄土宗の祖、曇鸞《どんらん》・道綽《どうしゃく》・善導《ぜんどう》等、また日本の慧心・叡空《えいくう》等をさす。

出離《しゅつり》の趣《おもむき》　出離とは成仏のこと。趣とは向かう所、帰着する義で、出離の道という意。日寛上人の文段には「一切経を反覆《はんぷく》し八宗の章疏《しょうじょ》を究むと雖も、皆これ難行にして末代相応の行に非ず。愚推僻解《ぐすいびゃくげ》するが故に『猶《なお》迷う』等というなり」とある。

遍《あまね》く覿《み》、悉《ことごと》く鑑《かんが》み　日寛上人云く「何れか末代相応の行ならんと数《しばしば》これを尋ぬる処に、幸《さいわい》に善導の疏及《じょ》び往生要集を得て、仍《すなわ》ち深く思い遠く慮《おもんぱか》り、遂に諸経を抛《なげう》って専《もっぱ》ら念仏を修するなり」と。

一夢《いちむ》の霊応《れいおう》を蒙《こうむ》り　法然が夢に金色の善導を見て、念仏弘通の確信を得たといわれているが、これは邪義を正当化せんとする誑惑である。日寛上人の文段には「然公が疑慮《ぎりょ》猶《なお》未だ散せず、夢王の告《つげ》を待つなり。註及び啓蒙《けいもう》に伝記を引くが如く、半金色の善導を感ずるなり。今謂《いわ》く、直ちに仏説を検《かんが》うべし、何ぞ夢王の告を待たんや」とある。

四裔《しえい》の親疎《しんそ》　四裔とは四方の遠き果てまでの意。国中の親しい者にも、疎遠《そえん》な者にも、念仏が広まったことをいう。

勢至《せいし》の化身《けしん》　念仏の信徒たちは、法然を阿弥陀の脇士《きょうじ》である勢至菩薩の化身であると称した。

春秋推《お》し移り、星霜相い積れり　春秋・星霜ともに年々が遷り行くとの意である。

聖代《せいだい》の時　法然が念仏を弘めた後鳥羽院の時代をさす。

強《あなが》ちに先師を毀《そし》り更に聖人を罵《ののし》るや　先師とは曇鸞・道綽・善導の念仏の三師、聖人とは法然をさす。

毛を吹いて疵《きず》を求め、皮を剪りて血を出す　無理にこじつけて他人をそしることは、かえって自分の過失をあらわすことになるということ。

科条《かじょう》争《いか》でか遁《のが》れん　罪過をのがれることはできないであろう。

講義

前段は法然の謗法たるゆえんを選択《せんちゃく》の文証により明かされたが、この第五段は道理と、現証すなわち中国・日本における亡国の先例を挙げ、客の執着を断破《だんぱ》される所である。

客は〝災難の根源たる悪比丘《あくびく》とは法然なり〟と主人にはっきり名指しされたから、憤怒の色を増《ま》したのである。そして法然がいかに智徳すぐれた聖人であるかを縷々《るる》と述べ、当時の災難が数十年も前の法然に原因があるなどとは、とんでもないいいがかりであると、憤りをぶつけるのである。

客が法然を称《たた》える言葉の中に、当時の民衆がどれほど法然を仰いでいたか、また法然がどのようなことを云って大衆をたぶらかしていたかが表われている。

法然は、〝自分は幼少より叡《えい》山に上り一切経を反復《はんぷく》し、八宗を究め尽し、なお迷った上に思索し、ついに念仏に到達した〟などともったいつけ、また〝夢で善導のお告げがあった〟などとでたらめをいい、人々に勢至《せいし》の化身、善導の再誕などと巧みに思わせたのである。

このような手口は、仏法を曲げ名利を求める魔僧に共通のものであるが、法然の悟りなるものがいかにごまかしで一片の確信もないものであるかは、次の実例で明らかである。

当時日本仏教界の権威であった比叡山《ひえいざん》では、法然の法華経誹謗があまりに甚しいので、たびたびその謗法を糺弾《きゅうだん》したが、法然はさぞ信念を述べるかと思いきや、そのたびに右に左に遁辞《とんじ》を構え、あきれたことに選択であれほど諸仏・諸経を捨閉閣抛《しゃへいかくほう》といいながら、たちまち教義を変更し、「無智不善の輩のしわざ」と信徒に責任を転嫁《てんか》し、自らは偽わりの起請文《きしょうもん》を提出し、当座の難をのがれていたのである。

その起請文の一つ、元久元年十一月に叡山にさし出したものの一節を挙げれば次のようである。

「弥陀《みだ》の本願には唯除五逆誹謗正法《ゆいじょごぎゃくひぼうしょうぼう》とあるが、念仏の者が正法をそしって弘めたり、虚誕《こたん》(でたらめ)を用いて披露《ひろう》するならば、尤《もっと》も糺弾《きゅうだん》され炳誡《へいかい》（処罰）を受けて然るべきである。これは自分の望むところ願うところでもある。これらの子細は先年お尋ねのあった時に起請文を差しあげ、その後少しの心変りもしていないから重ねて申し上げる必要はないが、その後叡山からたびたび厳しい誡めがあるので、誓状もまた再三に及ぶのである。もし今までの誓いが一事一言虚言《そらごと》であったなら、毎日七万べんの念仏もむなしく、三途《さんず》に堕《お》ちて現当に重苦を受けるであろう」（以上取意）と。

よほど叡山《えいざん》の責めが恐しかったと見え、まことに殊勝《しゅしょう》な誓状を書いたものである。それでいながら、彼は蔭《かげ》ではしきりと叡山の悪口を云っていたのである。彼が弟子に送った手紙には「叡山の座主《ざす》の止観の法門などは、一口に雀のさえずりに過ぎない」とある。まことにあきれるほどの卑劣な振舞いである。

かかる魔僧と、御本仏日蓮大聖人とを比し奉るは、そのこと自体恐れ多いが、佐渡雪中における大聖人の開目抄の仰せを拝せよ。

「詮ずるところは天も捨て給え、諸難にもあえ、身命《しんみょう》を期《ご》とせん。……本《も》と願《がん》を立つ。日本国の位をゆづらむ、法華経を捨て観経《かんぎょう》等について後生《ごしょう》をごせよ、父母《ふも》の頸《くび》を刎《はね》ん念仏申さずば、なんどの種々の大難出来すとも、智者に我《わが》義《ぎ》やぶられずば用いじとなり。其の外の大難風の前の塵《ちり》なるべし」と。

さらに佐渡よりお帰りになって鎌倉殿中《でんちゅう》において平左衛門に対しては

「王地に生れたれば身をば随えられたてまつるやうなりとも、心をば随えられたてまつるべからず、念仏の無《む》間《げん》獄《ごく》・禅の天魔の所《そ》為《い》なること疑いなし、殊《こと》に真言宗が此の国土の大なるわざわひにては候なり」（撰時抄）と。

骨まで凍る佐渡の厳冬を、三たび越されての御帰還である。もし再び平左衛門が怒れば佐渡へ戻されるであろう。その時は今度こそ身命が危うくなる。しかるに、いささかもへつらわず、恐れず、法のため、国のため、一切衆生のために直諫し給うたのである。

かかる大聖人の師子王のごとき御気魄、磐石《ばんじゃく》のごとき御確信を拝してのち、ひるがえって法然の卑劣極まる所行を見た時、御本仏と魔僧とはいえ、あまりの懸隔《けんかく》に、思わず長大息《ちょうだいそく》せざるを得ない。

第二章　法然の謗法を道理と現証を以て示す

一、道理を示す

本文

主人《しゅじん》咲《え》み止《とど》めて曰《いわ》く、辛《から》きを蓼葉《りょうよう》に習《なら》い、臭《くさ》きを溷厠《こんし》に忘《わす》る。善言《ぜんごん》を聞《き》きて悪言《あくげん》と思《おも》い、謗者《ぼうしゃ》を指《さ》して聖人《しょうにん》と謂《い》い、正師《しょうし》を疑《うたが》つて悪侶《あくりょ》に擬《き》す。其《そ》の迷《まよ》い誠《まこと》に深《ふか》く、其《そ》の罪《つみ》浅《あさ》からず。事《こと》の起《おこ》りを聞《き》け、委《くわ》しく其《そ》の趣《おもむき》を談《だん》ぜん。釈尊《しゃくそん》説法《せっぽう》の内《うち》、一代《いちだい》五時《ごじ》の間《あいだ》に先後《せんご》を立《た》てて権実《ごんじつ》を弁《べん》ず。而《しか》るに曇鸞《どんらん》・道綽《どうしゃく》・善導《ぜんどう》既《すで》に権《ごん》に就《つ》いて実《じつ》を忘《わす》れ、先《せん》に依《よ》つて後《ご》を捨《す》つ、未《いま》だ仏教《ぶっきょう》の淵底《えんでい》を探《さぐ》らざる者《もの》なり。就中《なかんずく》法然《ほうねん》其《そ》の流《ながれ》を酌《く》むと雖《いえど》も其《そ》の源《みなもと》を知《し》らず。所以《ゆえん》は何《いか》ん、大乗経《だいじょうきょう》六百三十七部《ろっぴゃくさんじゅうしちぶ》・二千八百八十三巻《にせんはっぴゃくはちじゅうさんかん》、並《なら》びに一切《いっさい》の諸仏菩薩《しょぶつぼさつ》及《およ》び諸《もろもろ》の世天《せてん》等《とう》を以《もっ》て、捨《しゃ》

閉閣抛《へいかくほう》の字《じ》を置《お》いて一切衆生《いっさいしゅじょう》の心《こころ》を薄《おか》す。是《こ》れ偏《ひと》えに私曲《しごく》の詞《ことば》を展《の》べて全《まった》く仏《ぶっ》経《きょう》の説《せつ》を見《み》ず。妄語《もうご》の至《いた》り悪口《あっく》の科《とが》、言《い》うても比《たぐ》い無《な》く責《せ》めても余《あま》り有《あ》り。人《ひと》皆其《みなそ》の妄語《もうご》を信《しん》じ、悉《ことごと》く彼《か》の選択《せんちゃく》を貴《たっと》ぶ。故《ゆえ》に浄土《じょうど》の三経《さんきょう》を崇《あが》めて衆経《しゅうきょう》を抛《なげう》ち、極楽《ごくらく》の一仏《いちぶつ》を仰《あお》いで諸仏《しょぶつ》を忘《わす》る、誠《まこと》に是《こ》れ諸仏諸経《しょぶつしょきょう》の怨敵《おんてき》、聖僧衆人《しょうそうしゅうにん》の讎《しゅう》敵《てき》なり。此《こ》の邪教《じゃきょう》広《ひろ》く八荒《はっこう》に弘《ひろ》まり、周《あまね》く十方《じっぽう》に遍《へん》す。

通　釈

主人は莞爾《かんじ》と笑《えみ》をたたえて、憤り帰らんとする客を止《とど》めていわく。

辛《から》い蓼《たで》の葉を食べている虫はその辛さを知らず、臭《くさ》い便所に住む虫にはその臭さがわからない。これと同じように、汝は長年邪法に染ってきたから邪を邪と思わず、かえって善言を聞いて悪言と思い、謗法者を指して聖人といい、正師を疑って悪侶のように思っている。その迷いはまことに深く、その罪は浅くない。

まず事の起こりを聞きなさい。委《くわ》しくその趣《おもむ》きを申し聞かせよう。

そもそも釈尊の説法は、その一代五時について先後が立てられ、権実がきちんと分別されている。しかるに曇鸞《どんらん》・道綽《どうしゃく》・善導《ぜんどう》は権経に執着して実経を忘れ、先に説かれた四十余年の爾前経にこだわって後八年に説かれた法華経を捨ててしまった。これ未だ仏教の淵底《えんでい》を知らないものである。

なかんずく法然は、曇鸞・道綽・善導の流れを汲んでいるが、源たるこの三師がすでに濁っているのを知らない。ゆえに濁りに濁りを添えるように三師の釈に準思《じゅんし》して、大乗経六百三十七部・二千八百八十三巻ならびに一切の諸仏・菩薩およびもろもろの世天等に対し、捨てよ、閉じよ、閣《さしお》け、抛《なげう》てといって、一切衆生をたぶらかしてしまった。これ全く自分勝手な曲説であって、少しも仏説に依らないものである。その妄語の甚しさ、悪口の罪科は、比べるもののないほど重く、いくら責めても責めたりないものである。

しかも人は皆その妄語を信じ、ことごとくかの選択を貴んでいる。ゆえに浄土の三部経だけを崇《あが》めて他の一切経を抛ち、弥陀の一仏だけを仰いで他の諸仏を忘れている。まことに法然こそ、諸仏・諸経の怨敵、聖僧・衆人の讎敵《しゅう》である。この法然の邪教は広く天下に弘まり、あまねく十方に遍満《へんまん》してしまった。

語訳

辛きを蓼葉《りょうよう》に習い　蓼《たで》の葉は辛味が強いが、蓼の葉をいつも食べている虫は辛いことを感じないということ。

臭きを溷厠《こんし》に忘る　溷厠とは便所のこと、便所に長くいると臭いことを感じなくなる。蓼葉・溷厠のたとえは、ともに邪法に久しく染まっているうちに、邪法の悪を感じなくなることをいう。すなわち法然の門人等を指す。

事の起りを聞け　なぜ法然が念仏の悪侶であるか、その根拠を聞きなさいとの意。

先後を立てて権実を弁ず　一代五時の説法のうち華厳・阿含・方等・般若は先判であり権経である。法華経は後判であり実経である。

而るに曇鸞・道綽・善導　日寛上人は「浄土の三師すでに仏説に背き先判の権経に依って後判の実経を捨つ、故に破して『未だ仏教の淵底《えんでい》を探《さぐ》らず』というなり」とある。「仏教の淵底《えんでい》」とは、権実の立て分けだけでなく、本迹・種脱相対の三重秘伝の立て分けを知ることをいう。

其の流を酌《く》むと雖《いえど》も、其の源《みなもと》を知らず　日寛上人の文段には「法然三師（曇鸞・道綽・善導）の流を酌むと雖も、其の源の濁《にご》れるを知らず、ゆえに三師の釈に准思《じゅんし》して『捨』等の四字を加うるなり。故に知りぬ、濁りに濁りを添《そ》え、非に非を重ねるなり。浄円房抄に云く『浄土の三師に於て難・聖・雑の中に法華を入るる意粗《ほぼ》これあり。然りと雖も、法然の如き放言の事はこれなし』と云云。今はこの文の意なり。註に云く『綽・導すでにその源を濁す、然公何ぞ流清きことを得んや』と云云。この一言至れり尽くせるなり」とある。

私曲《しごく》の詞《ことば》　我見による邪説。

妄語《もうご》の至り　妄語とは虚言のこと。仏法上の妄語は人をして無間地獄へ堕さしめる。ゆえに妄語の至りである。

讎敵《しゅうてき》　恨みを懐いている相手、かたきのこと。

八荒《はっこう》　八方のこと、すなわち全国至るところの意。

講義

客の法然に対する執着はまことに深い。ゆえに主人の慈折を悪口と勘違いし、憤然として帰らんとしたのであるが、主人はにっこりと笑ってこれを止《とど》め、重ねて法然の大謗法たるゆえんを、権実の道理により明白に教えられた。

「釈尊説法の内、一代五時の間に先後を立てて権実を弁ず」

この文は一代仏教を判ずる基準として、極めて大事である。

釈尊一代五十年の説法は、華厳時《けごんじ》・阿含時《あごんじ》・方等時《ほうとうじ》・般若時《はんにゃじ》・法華涅槃時《ほっけねはんじ》と五回にわたって行われている。これが「五時」である。

この五時の中で、前四十余年に説かれた華厳・阿含・方等・般若は、未だ真実を顕わしていない方便の教えであるから権経《ごんきょう》といい、後八年に説かれた法華経は釈尊の本懐・真実が説かれているからこれを実経《じっきょう》という。

よって日寛上人は「先後を立てて権実を弁ず」の文意について

「前四十余年は権経なり、ゆえに『四十余年には未だ真実を顕わさず』という。後八年の法華は真実なり、ゆえに『世尊は法久《ひさ》しくして後《のち》、要《かなら》ず当《まさ》に真実を説きたもうべし』というなり」と。

さらに、なにゆえ前後・権実を立てるかについて

「これ、先判の権経を捨てて、後判の実経を取らんがためなり。ゆえに『正直に方便《ほうべん》を捨てて、但《ただ》無上道を説く』というなり」と明説されている。

この整然たる先後・権実の立て分けより見た時、浄土宗の依経《えきょう》である観経《かんぎょう》・雙観経《そうかんぎょう》・阿弥陀経《あみだきょう》の三部は、方等時《ほうとうじ》に説かれたものであるから、法華経が説かれたのちには当然先判の権経として捨てられなければならない。

しかるに曇鸞・道綽・善導は権経に執着して実経を忘れ、先判に依って後判を捨ててしまったのである。これすでに仏説に背くものであるが、法然はその流れを汲《く》みながら、すでに三師が濁っているのを知らず、その三師の云ってないことまで大々的に放言し、捨閉閣抛《しゃへいかくほう》の謗言を吐いた。これら法然の謗言は全く仏説によらない己義《こぎ》であるから「私曲《しこく》の詞《ことば》を展《の》べて全く仏経の説を見ず」と破折遊ばされたのである。

「衆経を抛ち」「諸仏を忘る」等は、元意は法華経・釈尊のことであり、さらにその元意は下種の法華経・本因妙の釈尊すなわち三大秘法と日蓮大聖人であること、前に述べたごとくである。

二、中国・日本の実例を以て念仏亡国を証す

本文

抑《そもそも》近年《きんねん》の災《わざわい》を以《もっ》て往代《おうだい》を難《なん》ずるの由《よし》、強《あなが》ちに之《これ》を恐《おそ》る。聊《いささ》か先例《せんれい》を引《ひ》いて汝《なんじ》が迷《まよい》を悟《さと》すべし。止観《しかん》の第二《だいに》に史記《しき》を引《ひ》いて云《いわ》く「周《しゅう》の末《まつ》に被髪袒身《ひほつたんしん》礼度《れいど》に依《よ》らざる者有《ものあ》り」。弘決《ぐけつ》の第二《だいに》に此《こ》の文《もん》を釈《しゃく》するに、左伝《さでん》を引《ひ》いて曰《いわ》く「初《はじ》め平王《へいおう》の東遷《とうせん》するや、伊川《いせん》に髪《かみ》を被《かぶろ》にする者《もの》の野《や》に於《おい》て祭《まつ》るを見《み》る。識者《しきしゃ》の曰《いわ》く、百《ひゃく》年《ねん》に及《およ》ばじ、其《そ》の礼《れい》先《ま》ず亡《ほろ》びぬ」と。爰《ここ》に知《し》んぬ、徴前《しるしさき》に顕《あらわ》れ災《わざわ》い後《のち》に致《いた》ることを。又《また》「阮籍《げんせき》逸才《いっさい》にして蓬頭散帯《ほうとうさんたい》す、後《のち》に公卿《こうけい》の子孫《しそん》皆之《みなこれ》に教《なら》いて奴苟《どく》相辱《あいはずか》しむる者《もの》を方《まさ》に自然《じねん》に達《たっ》すと云《い》い、撙節《そんせつ》兢持《きょうじ》する者《もの》を呼《よ》んで田舎《でんしゃ》と為《な》す、司馬《しば》氏《し》の滅《ほろ》ぶる相《そう》と為《な》す」已上。又《また》慈覚大師《じかくだいし》の入唐巡礼記《にゅうとうじゅんらいき》を案《あん》ずるに云《いわ》く「唐《とう》の武宗《ぶそう》皇帝《こうてい》・会昌元年《えしょうがんねん》勅《ちょく》して章敬寺《しょうきょうじ》の鏡霜法師《きょうそうほっし》をして諸寺《しょじ》に於《おい》て弥陀念仏《みだねんぶつ》の教《おし》えを伝《つた》え令《し》む、寺毎《てらごと》に三日《みっか》巡輪《じゅんりん》すること絶《た》えず。同二年《どうにねん》回鶻国《かいこつこく》の軍兵等《ぐんぴょうとう》唐《とう》の堺《さかい》を侵《おか》す、同三年《どうさんねん》河北《かほく》の節度使《せつどし》忽《たちま》ち乱《らん》を起《おこ》す、其《そ》の後《のち》大蕃国《だいばんこく》更《ま》た命《めい》を拒《こば》み、回鶻国《かいこつこく》重《かさ》ねて地《ち》を奪《うば》う。凡《およ》そ兵乱《ひょうらん》は秦項《しんこう》の代《よ》に同《おな》じく、災火《さいか》は邑里《ゆうり》の際《あいだ》に起《おこ》る。何《いか》に

況《いわ》んや武《ぶ》宗《そう》大《おお》いに仏《ぶっ》法《ぽう》を破《は》し、多《おお》く寺《じ》塔《とう》を滅《めっ》す、乱《らん》を撥《おさ》むること能《あた》わずして遂《つい》に以《もっ》て事《こと》有《あ》り」已上取意。此《こ》れを以《もっ》て之《これ》を惟《おも》うに、法《ほう》然《ねん》は後《ご》鳥《と》羽《ば》院《いん》の御《ぎょ》宇《う》建《けん》仁《にん》年《ねん》中《ちゅう》の者《もの》なり、彼《か》の院《いん》の御《おん》事《こと》既《すで》に眼《がん》前《ぜん》に在《あ》り。然《しか》れば則《すなわ》ち大《だい》唐《とう》に例《れい》を残《のこ》し、吾《わ》が朝《ちょう》に証《しるし》を顕《あらわ》す。汝《なんじ》疑《うたが》うこと莫《な》かれ、汝《なんじ》怪《あやし》むこと莫《な》かれ。唯《ただ》須《すべか》らく凶《きょう》を捨《す》てて善《ぜん》に帰《き》し、源《みなもと》を塞《ふさ》ぎ根《ね》を截《き》るべし。

通釈

そもそも、正嘉の大地震より近日に至るまでの災難を法然の選択に因《よ》ると云ったことに対して、客は大変恐れ憤っているようであるが、少しく先例を引いて汝の迷いを醒《さま》そうと思う。

天台の止《し》観《かん》の第二に史《し》記《き》を引いていわく

「周の末《まつ》に長髪をふりみだし裸になり、社会の礼度を全く無視する者が出た」と。

妙楽は弘《ぐ》決《けつ》の第二にこの文を釈するに当って左《さ》伝《でん》を引用していわく

「傾きかけた周朝の平《へい》王《おう》が、外敵の侵略を避けるため都を東に遷《うつ》さんとした時、伊《い》川《せん》で頭髪をふり乱した者が、野で祭りごとをしているのに出会った。これを見た識者《しきしゃ》（周の太夫・辛有《しんゆう》）は、周の世もあと百年と持たないであろう、その先兆として先ず周の根本たる礼が亡びてしまった」と。

まさに知るべし。災難の起る時は、まず徴《しるし》（先兆）が先に顕われ、その後に災《わざわ》いが来るのである。

また阮籍《げんせき》という逸才が西晋《せいしん》にいたが、彼はいつも頭髪を乱し、帯を結ばず、およそ世間の礼儀など全く無視していた。のちに公卿の若者達までがこれにならい、お互いに乱暴な言葉を使いはずかしめ合う者を〝自然の境涯に達した〟といって賞《ほ》め、慎み深く礼儀を重んずる者を〝田舎者《いなりもの》〟と呼んで軽んじた。

これ司馬氏《しばし》（西晋の王）の亡びる前相であった。

また慈覚《じかく》大師の入唐巡礼記《にゅうとうじゅんらいき》を見るに

「唐の武宗《ぶそう》皇帝は会昌《えしょう》元年勅命を発して、章敬寺《しょうきょうじ》の鏡霜《きょうそう》法師に弥陀念仏《みだねんぶつ》の教を弘めさせた。よって同法師は寺ごとに三日づつ巡輪し続けていたが、翌年回鶻《かいこつ》国の軍兵が唐の国境に侵入してきた。また同三年には河北に派遣した節度使が叛乱を起こし、その後大蕃《だいばん》国はまた唐の命を拒《こば》み、回鶻国《かいこつこく》は再び国内を侵略した。およそ、その兵乱は秦《しん》の始皇帝《しこうてい》・楚《そ》の項羽《こうう》の時代と同じようであり、災火は村落にまで及んだ。まして武宗は大いに仏法を破り、多くの寺塔を破壊してきたので、その罰により乱を治めることもできず、ついに自らも重病にあい狂死をとげてしまった」と。

　これを以って考え合わせるに、法然は後鳥羽院《ごとばいん》の御代《みよ》・建仁年中の者であり、後鳥羽院が承久の乱に亡びたことは眼前のことである。されば念仏が亡国の悪法たることは、中国の大唐にその例を残し、日本に証拠を顕わしている。

汝これを疑ってはならない、怪《あや》しんではならない。ただすべからく法然所立の念仏の凶《きょう》を捨てて正法に帰し、災難の源であり根である選択を塞《ふさ》ぎ断《た》つべきである。

語訳

往代《おうだい》を難ずる　近年に起こった災害の原因を、昔の法然の罪であるとすること。

止観《しかん》　天台大師の摩訶《まか》止観十巻の略称。本書に一念三千の法門を説き、像法適時《ちゃくじ》の観念観法の実践修行を明かした。天台大師出世の本懐はこの書に尽きている。しかしこの止観に明かされた一念三千はなお理の法門であり、末法に出現する事の一念三千の当体である大御本尊の説明にすぎない。

史記《しき》　前漢の武帝の頃、司馬遷《しばせん》が著した歴史書。

周《しゅう》の末《まつ》　周とは、西紀前十二世紀の末から前二五六年までの約八百五十年・三十七代にわたって続いた中国の古王朝。周の末とは最後という意味ではなく、周代がすでに衰えてきた時という意。

被髪《ひほつ》　髪を結ばずに振り乱すこと。古代中国では最も身だしなみの悪いこととされた。

袒身《たんしん》　裸体となること。

礼度に依らざる者有り　礼儀を守らない者。あるいは礼儀を守ることをさげすむ者。

弘決《ぐけつ》　天台大師の「摩訶止観」を妙楽が註釈した「止観輔行伝弘決《ふぎょうでんぐけつ》」の略称。

左伝《さでん》　「春秋左氏伝」の略称。

平王《へいおう》　周朝十三代の王。犬戎《けんじゅう》に破れ都を東方の洛邑《らくゆう》に遷した。

伊川《いせん》　伊水ともいい、のちの河南省汝州《じょしゅう》伊陽県のこと。

野《や》に於て祭る　野原で祭りの儀式を行なうこと。祭りは神聖な行事であるから、最も身だしなみ等を整えるべきであるのに、髪を被《かぶ》にしていたということは、周の世を支えていた礼節が根本から腐ってしまったことを示すものである。これを以て周の滅びる前兆と判じたのである。

識者《しきしゃ》の曰《いわ》く　日寛上人の文段には「識者は即ちこれ周の太夫・辛有《しんゆう》なり、兼識《けんしん》差《たが》わざるなり」とある。

阮籍《げんせき》　中国三国魏代の詩人、竹林の七賢の一人。道徳を無視し、自然虚無の学説を唱えた。

蓬頭散帯《ほうとうさんたい》　蓬頭とは寝みだれ髪。散帯とは帯をだらしなく締めているさま。

奴苟相辱《とくあいはずか》しむる者　奴《と》も苟《く》も賤しい者の意。礼儀を無視して、互いに乱暴な言葉を使って相はずかしめ合うこと。

自然《じねん》に達《たっ》す　人間本来のありかたに戻るの意。

撙節兢持《そんせつきょうじ》　互いに礼儀を以って敬い合う、慎しみ深い態度。

田舎《でんしゃ》と為《な》す　〃いなか者〃といって卑しみあざけり笑うこと。

入唐巡礼記《にゅうとうじゅんらいき》　慈覚が承和五年に入唐してから、同十四年筑前に帰朝するまでの十年間の日記。詳しくは「入唐求法巡礼行記」という。

武宗皇帝《ぶそうこうてい》　中国・唐の第十五代の王。

章敬寺《しょうきょうじ》の鏡霜法師《きょうそうほっし》　武宗の時代に長安にあった念仏寺の僧。

巡輪《じゅんりん》　巡《めぐ》り回ること。

回鶻国《かいこつこく》　中国北西に位置した国で、現在の中国新疆《しんきょう》ウィグル自治国の主要部分。

河北《かほく》の節度使《せつどし》　河北とは黄河の北方、後の山西省《さんせいしょう》、山東《さんとう》省《しょう》に当たる。唐朝が辺境の異民族の侵入を防ぐために大軍を配置したが、その軍管区司令官として置いたのが節度使である。

大蕃国《だいばんこく》　吐蕃《とばん》ともいい、チベットのこと。

秦項《しんこう》の代《よ》　秦は始皇帝、項は楚《そ》の項羽《こうう》のこと。共に戦乱の絶え間がなく、民衆は困窮の極に陥った。

邑里《ゆうり》　村落、村里のこと。

事有《ことあ》り　武宗《ぶそう》が破仏法の罪により、背に疽《そ》（悪性のできもの）を病み、狂死したことをさす。

彼の院の御事《おんこと》　後鳥羽上皇が承久の乱により北条義時に討たれ、父子三上皇島流しとなり滅びたことをさす。

凶《きょう》を捨てて善に帰し　凶とは法然の念仏、善とは大聖人弘通の三大秘法のこと。

源《みなもと》を塞《ふさ》ぎ根《ね》を截《き》るべし　日寛上人の文段には「根源の二字はまた選択を指す。即ち災難の源、亡国の根本の故なり」とある。

講義

客は、主人が〝正嘉の大地震以来の近年の災難は数十年前の法然にその根源がある〟と云い切られたことに対し、〝何たる悪言〟と恐れかつ憤ったが、いまここに主人は中国・日本の先例を引き、現証を示されるのである。

なにごとによらず、事の起こる前には必ず前兆がある。たとえば、雨の降る前には黒雲があらわれ、洪水の前には蜂《はち》・蟻《あり》が移動する。まして一国まさに亡びんとするほどの大事に、前兆のないことはあり得ない。ゆえに「徴前《しるしさき》に顕れ、災い後に致る」と仰せられるのである。

七百年続いた周朝が亡びんとした時、やはり前兆があった。それは礼が廃《すた》れたことである。およそ礼は周の国の根本として重んじられた道徳である。「周の代の七百年は文王の礼孝による」(報恩抄)と。かかる礼節を重んずる周において、蛮族《ばんぞく》の風俗たる、頭髪はくしけずらず、肌を露出し、しかも平気で神聖なるべき祭事を営むような者が出てきた。このような礼の乱れを見て、識者・辛有《しんゆう》が「百年に及ばじ」といったのである。果せるかな、その後まもなく周は亡んでいる。

また晋《しん》の滅亡の時も前相があった。晋は孔子の儒教《じゅきょう》を本とする国である。だがこの国において老荘《ろうそう》の虚無《きょむ》思想がはびこり、人々は礼節を軽んじ禽獣《きんじゅう》のようになってしまった。

その元祖がかの有名な阮籍《げんせき》である。彼はつねに長髪をくしけずらず、帯はしどけ、およそ社会の礼法を全く無視した所行をしていたが、これが当時の上流子弟の間に大いに流行《はや》り、廟堂《びょうどう》においてすら礼節は地に堕《お》ちた。これが亡国の前兆であり、まもなく晋《しん》王の司馬氏は亡んだのであった。

以上の二つの実例は、いずれも仏法渡来以前の中国の例であるが、仏法以前においては、仁《じん》・義《ぎ》・礼《れい》・智《ち》・信《しん》の五常《ごじょう》が国を治める大道であった。この五常は外道の教えで世間の浅さ教えのようであるが、開目抄に

「礼楽《れいがく》前《さき》に馳《は》せて真道後に啓《ひら》く」また「我れ三聖を遣《つか》わして彼の真丹《しんたん》を化す」さらに「若し深く世法を識《し》れば即ち是れ仏法なり」

と仰せのごとく、実はこの五常も仏法の一分である。よって礼義を破ることは遠くは仏法を破るに当るから、亡国の因・前兆となるのである。

ゆえに災難対治抄には

「疑って云く、国土に於て選択集を流布せしむるに依って災難起ると云わば、此の書なき已前は国中に於て災難無かりしや。答えて曰く、彼の時も亦災難あり、云く五常を破り、仏法を失いし者之有る故に。……難じて云く、仏法已前の国に於て災難有るは何ぞ謗法の者の故ぞや。答えて曰く、仏法已前に五常を以て国を治むるは遠く仏誓を以て国を治むるなり、礼義を破るは仏の出したまえる五戒を破るなり」と仰せられている。

次に念仏が亡国破法の因縁であることを、唐の武宗が国中に念仏を弘めて国を亡ぼした実例、さらに後鳥羽《ごとば》上皇が法然の念仏を崇《あが》めてその身を亡ぼした現証を以って示されている。

まことに「徴前《しるしさき》に顕われ、災《わざわ》い後に致る」とは意味深重なお言葉である。前述のように、仏法以前の国においては礼義が乱れることが亡国の前兆であり、仏法流布の国においては、仏法の乱れることが亡国の兆となる。

ゆえに「此の邪教広く八荒に弘まり、周く十方に遍す」の相を以って、大聖人は近年国土の災難の先兆・根元とされ、〝その根源を断《た》て〟と強く仰せられるのである。

さて、ひるがえって今日の日本を見るに、放埒《ほうらつ》・奔放《ほんぽう》・無軌道《むきどう》の、あたかも畜生のような風儀は一国社会に蔓延《まんえん》している。これは何の前兆であろうか。

また、日本の運命を荷《にな》っている仏法の正系門下において、七百年来堅く守られてきた国立戒壇の御遺命が、無慚《むざん》にも今まさに失われんとしている。果してこれは何の前兆であろうか。世法・仏法ともにかかる徴《しるし》を見て、日本の近き将来を心から憂えずにはいられない。

第六段　勘状の奏否を明かす

第一章　勘状の先例なきを以て莠言を咎む

本文

客聊《きゃくいささ》か和《やわら》ぎて曰《いわ》く、未《いま》だ淵底《えんてい》を究《きわ》めずとも数《ほぼ》其《そ》の趣《おもむき》を知《し》る。但《ただ》し華洛《けらく》より柳《りゅう》営《えい》に至《いた》るまで、釈門《しゃくもん》に枢楗《すうけん》在《あ》り、仏家《ぶつけ》に棟梁《とうりょう》在《あ》り。然《しか》るに未《いま》だ勘状《かんじょう》を進《まい》らせず、上奏《じょうそう》に及《およ》ばず、汝賤身《なんじせんしん》を以《もっ》て輙《たやす》く莠言《ゆうげん》を吐《は》く、其《そ》の義《ぎ》余《あま》り有《あ》り、其《そ》の理謂《りいわ》れ無《な》し。

通釈

客はいささか和《やわ》らいでいわく。

未だ仏法の淵底《えんてい》まではわからないが、幾分主人のいわんとする趣きだけはわかってきた。ただし、天子のまします京都から、将軍の居る鎌倉に至るまで、仏教界には枢要な立場にある高僧が多くいる。しかるに今日まで未だ〝法然の謗法を断つべし〟というような勘状を幕府に訴え出た者もなければ、天皇に上奏した者もない。それなのに、貴方《あなた》は賤《いや》しい身分でありながら、たやすく醜悪な言葉を吐いている。その義は未だ議論の余地があり、その理はいわれがないように自分には思える。

語訳

淵底《えんてい》　奥義・奥底。

華洛《けらく》　天皇の居す京都をさす。日寛上人の文段には「華洛は帝王の所居《しょこ》、即ちこれ王城なり。中国は礼儀最も華やかなる故なり。洛は即ち洛陽《らくよう》、周の武王の都せる処なり」とある。

柳営《りゅうえい》　将軍の陣営のことで、ここでは鎌倉をさす。漢の将軍・周亜父が匈奴《きょうど》を討つ時に、細柳という所に営所を設けたが、天子が巡視した折、他の陣営より規律が行き届き、優れていたので〝細柳営〟と名づけられた故事による。

釈門　仏教界のこと。

枢楗《すうけん》・棟梁《とうりょう》　枢は戸の回転軸、楗はかんぬきで門の要所をいう。棟梁は家の棟《むね》と梁《はり》、ともに家の要所である。「枢楗」「棟梁」ともに、仏教界における重要な地位にある高僧をさす。

勘状《かんじょう》　主君に対し、文書を以て具申するのを勘状といい、口頭で具申することを上奏という。

莠言《ゆうげん》　醜悪なことば。

其の義余り有り　余りにも云い過ぎであり、到底納得できないとの意。

講義

客は主人の道理・文証・現証を示しての懇諭《こんゆ》を聞き、反論の余地がないので、いささか和《やわ》らいできた。しかしまだ心から信伏したのではないから、すきあらば反論せんとして、勘状の奏否《そうひ》を持ち出してきたのである。

すなわち客の云わんとするところは、〝もし主人のいうがごとく法然がそれほど悪いのならば、日本仏教界の権威である叡山などから、邪教禁止の訴えが必ずなされて然るべきではないか。しかるにその事がないのは、云われるほど法然は悪いのではなかろう。しかるにその地位にもない主人が、諸高僧もいわない醜悪無礼の言を吐くのは何とも怪《け》しからぬ〟ということである。

第二章　勘状の先例あるを示す

一、謗法呵責の精神を示す

本文

主人《しゅじん》の曰《いわ》く、予少量《よしょうりょう》為《た》りと雖《いえど》も忝《かたじけな》くも大乗《だいじょう》を学《がく》す、蒼蠅驥尾《そうようきび》に附《ふ》して万里《ばんり》を渡《わた》り、碧蘿松頭《へきらしょうとう》に懸《かか》りて千尋《せんじん》を延《の》ぶ。弟子《でし》一仏《いちぶつ》の子《こ》と生《うま》れて諸経《しょきょう》の王《おう》に事《つか》う、何《なん》ぞ仏法《ぶっぽう》の衰微《すいび》を見《み》て心情《しんじょう》の哀惜《あいしゃく》を起《おこ》さざらんや。其《そ》の上《うえ》涅槃経《ねはんぎょう》に云《いわ》く「若《も》し善比丘《ぜんびく》あつて、法《ほう》を壊《やぶ》る者《もの》を見《み》て、置《お》いて呵責《かしゃく》し駈遣《くけん》し挙処《こしょ》せずんば、当《まさ》に知《し》るべし、是《こ》の人《ひと》は仏法《ぶっぽう》の中《なか》の怨《あだ》なり。若《も》し能《よ》く駈《く》遣《けん》し呵責《かしゃく》し挙処《こしょ》せば、是《こ》れ我《わ》が弟子《でし》、真《しん》の声聞《しょうもん》なり」と。余《よ》、善比丘《ぜんびく》の身為《みた》らずと雖《いえど》も、仏法中怨《ぶっぽうちゅうおん》の責《せめ》を遁《のが》れんが為《ため》に、唯大綱《ただたいこう》を撮《と》つて粗一端《ほぼいったん》を示《しめ》す。

通釈

主人のいわく。

自分は身は賤しく器量も小さいが、かたじけなくも大乗仏教を学ぶ者である。わずかしか飛べない青《あお》蠅《ばえ》でも、駿馬《しゅんめ》の尾につかまれば万里を渡り、自ら立つことができないツタカズラでも、大きな松に寄れば千尋《せんじん》の高さに延びることができる。これと同じように、たとえ少量といえども自分は仏弟子と生れて諸経の王たる法華経に事《つか》える身である。どうして仏法が衰微するのを見て、法を惜しむ心を起こさずにいられれようか。

その上、涅槃経には

「もし善比丘あって、仏法を破壊する者を見ても、そのまま見過ごして、呵責《かしゃく》もせず、追い出しもせず、また謗者のいる一切の処《ところ》で身口意の三業にわたって折伏しなければ、その人はたとえ善比丘であっても仏法の中の怨敵である。もし、能く追い出し、呵責し、挙処《こしょ》するならば、これこそ我が弟子、真の声聞《しょうもん》である」と説かれている。

自分は善比丘の身ではないがこの「仏法の中の怨《あだ》」の経文の責めをのがれるために、ただ大綱《こう》を撮《と》り、ほぼその一端を示すのである。

語訳

少量　器量が小さく取るに足らない人間であるとの意。客が「賤身」と云ったことを受けたことば。

蒼蠅《そうよう》驥尾《きび》に附して　蒼蠅は青バエ。驥《き》は一日に千里を走るという駿馬《しゅんめ》。わずかしか飛べない青バエも、駿馬の尾につかまっていれば万里を行くことができるという意。

碧蘿《へきら》松頭《しょうとう》に懸《かか》りて　碧蘿は緑色のつたかずらのこと。自身では立つことはできないが、高い松の木に寄って、千尋《せんじん》の高さにのびることができる。少量の凡夫を碧蘿にたとえ、大乗仏法を松にたとえた譬喩《ひゆ》である。

諸経の王　一切経の王、すなわち法華経。究極は三大秘法の御本尊である。

心情《しんじょう》の哀惜《あいじゃく》　仏法のすたれるを見て、惜しむ心を起こさずにいられないとの意。

涅槃経に云く　涅槃経南本の第三長寿品の文。

呵責《かしゃく》　叱り責めること。すなわち折伏すること。

駈遣《くけん》　追放すること。

挙処《こしょ》　日寛上人の文段には「当《まさ》に知るべし、駈遣は身業《しんごう》、責はこれ意業、呵はこれ口業なり。故に知んぬ、今の文意は謗者所住の一切の処、一処をも漏《もら》さず、三業に経て折伏すべきなり」とある。

真の声聞《しょうもん》　真の仏弟子との意。

講義

この一節は、客の「汝賤身《せんしん》を以て輙《たやす》く莠言《ゆうげん》を吐く」に対する反答である。「予少量為《た》りと雖も」とご謙遜遊ばして、正法を惜しむ心の強盛を示されるのである。実にこの〝法を惜しむ心〟こそ、身を捨てて一国諫暁に立たれる大聖人の御精神である。ゆえに佐渡御書に

「悪王の正法を破るに邪法の僧等が方人《かたうど》をなして智者を失はん時は、師子王《ししおう》の如くなる心をもてる者必ず仏になるべし。例せば日蓮がごとし、これおごれるにはあらず、正法を惜しむ心の強盛なるべし」

との仰せを拝するのである。

つぎに正法を行ずる者が破法の人を見た時、どのような行動を為すべきかについて、涅槃経《ねはんぎょう》を引いて示されている。この経文の意は、秋元御書の仰せに明かであるから次に引く。

「常に仏禁《いまし》めて云く、何《いか》なる持戒《じかい》・智慧《ちえ》高く御坐《おわ》して一切経並びに法華経を進退せる人なりとも、法華経の敵《かたき》を見て、責め、罵《の》り、国主にも申さず、人を恐れて黙止するならば、必ず無間大城《むげんだいじょう》に堕《お》つべし。譬《たと》えば我は謀叛《むほん》を発《おこ》さねども、謀叛の者を知りて国主にも申さねば、与同罪《よどうざい》は彼の謀叛の者の如し。南《なん》岳大師《がくだいし》の云く『法華経の讎《あだ》を見て呵責《かしゃく》せざる者は謗法の者なり、無間地獄の上に堕ちん』と。見て申さぬ大智者は、無間の底に堕ちて彼の地獄の有らん限りは出《い》ずべからず。日蓮此の禁《いまし》めを恐るる故に、国中の謗法を責めて候程に、一度ならず流罪・死罪に及びぬ」と。

どれほど仏法の道理に通達している者であっても、仏法の破壊されるのを見て、自分の臆病から黙っ

ているならば、その人は仏法の怨であり地獄に堕ちるという、まことに厳しいお誡めである。

これを以って思うに、いま正系門家において顕正会が身を捨てて御遺命を守護し、御遺命違背を糺明《きゅうめい》していることこそ、大聖人へのただ一つの忠誠・御奉公と、喜ばずにはいられない。

二、勘状の事例を挙ぐ

本文

其《そ》の上去《うえい》ぬる元仁年中《がんにんねんちゅう》に延暦《えんりゃく》・興福《こうふく》の両寺《りょうじ》より度度《たびたび》奏聞《そうもん》を経《へ》、勅宣《ちょくせん》・御教書《みぎょうしょ》を申《もう》し下《くだ》して、法然《ほうねん》の選択《せんちゃく》の印板《いんばん》を大講堂《だいこうどう》に取《と》り上《あ》げ、三世《さんぜ》の仏恩《ぶっとん》を報《ほう》ぜんが為《ため》に之《これ》を焼失《しょうしつ》せしめ、法然《ほうねん》の墓所《むしょ》に於《お》いては感神院《かんじいん》の犬神人《つるめそう》に仰《おお》せ付《つ》けて破却《はきゃく》せしむ。其《そ》の門弟隆観《もんていりゅうかん》・聖光《しょうこう》・成覚《じょうかく》・薩生等《さっしょうとう》は遠国《おんごく》に配流《はいる》せられ、其《そ》の後未《ごいま》だ御《ご》勘気《かんき》を許《ゆる》されず、豈未《あにいま》だ勘状《かんじょう》を進《まい》らせずと云《い》わんや。

通釈

その上、去る元仁《がんにん》年中に延暦寺《えんりゃくじ》・興福寺《こうふくじ》の両寺から、たびたび法然の邪法禁止を訴えた上奏《じょうそう》がなされ、その結果勅宣ならびに御教書が申し下され、法然の選択の版木を比叡山の大講堂に取り上げ、三世の仏恩を報ぜんがためにこれを焼き捨て、さらに法然の墓所においては感神院《かんじいん》の犬神人《つるめそう》（奴僕《ぬぼく》）に命じてこれを破却させている。そしてその門弟である隆観《りゅうかん》・聖光《しょうこう》・成覚《じょうかく》・薩生《さつしょう》等《とう》は遠国《おんごく》に流罪され、その後、未だ御勘気《ごかんき》を許されていない。この事実を見る時、どうして「未だ勘状を進《まい》らせず」などと云えようか。

語訳

元仁《がんにん》年中　法然の死後十三年に当る年。

興福寺　法相宗の大本山、南都七大寺の一つ。

勅宣《ちょくせん》　天皇の命令を宣べ伝える公文書。

御教書《みぎょうしょ》　将軍より出す公文書。

印板　印刷に用いる版木。

大講堂　比叡山延暦寺の大講堂。

三世の仏恩《ぶっとん》　過去・現在・未来の一切諸仏の恩。

法然《ほうねん》の墓所《むしょ》　法然は建暦二年（一二一二年）一月、東山大谷禅房で死去し、その死体は庵の東側に埋められた。嘉禄三年（一二二七年）六月、勅許を得た比叡山の僧徒が襲って、墓は破壊された。

感神院《かんじいん》　京都祇園《ぎおん》神社の別名。

犬神人《つるめそう》　境内の掃除をする奴僕《ぬぼく》。

隆観《りゅうかん》　法然の弟子で、浄土宗長楽寺流の開祖。嘉禄三年専修念仏禁止の宣旨により遠流される。

聖光《しょうこう》　浄土宗鎮西《ちんぜい》派の祖、法然の高弟。念仏追放の勅命により遠国に流罪され、没する時には、頸下に悪瘡を現じて狂死した。

成覚《じょうかく》　成覚房幸西《こうさい》のこと。はじめ天台の経疏《きょうじょ》を学んだが、のちに法然の弟子となり、隆観らと共に流罪に処せられた。

薩生《さっしょう》　はじめ天台の学僧であったが、成覚について専修念仏に帰依し、のちに遠流されている。

講義

この一節は、客が「未だ勘状を進らせず」と難詰したことに対し、すでに勅宣《ちょくせん》・御教書《みぎょうしょ》により法然の謗法が罰せられた歴史的事実を以って、反答されたところである。

念仏宗ではひたすらこれらの事実を隠蔽《いんぺい》してきたので、当時多くの民衆は知らなかったのであろう。よってこれを客に問わしめて事実を明かし、同時に次段の、国主に対する謗法禁断の守護付属の序とせられるのである。

第七段　禁断謗法を具体的に示す

第一章　災難を止むる術を問う

本文

客《きゃく》則《すなわ》ち和《やわら》ぎて曰《いわ》く、経《きょう》を下《くだ》し僧《そう》を謗《ぼう》ずること、一人《いちにん》には論《ろん》じ難《がた》し。然《しか》れども大乗経《だいじょうきょう》六百《ろっぴゃく》三十七部《さんじゅうしちぶ》・二千《にせん》八百《はっぴゃく》八十三巻《はちじゅうさんかん》、並《なら》びに一切《いっさい》の諸仏菩薩《しょぶつぼさつ》及《およ》び諸《もろもろ》の世天《せてん》等《とう》を以《もっ》て捨閉閣抛《しゃへいかくほう》の四字《しじ》に載《の》するの詞《ことば》勿論《もちろん》なり、其《そ》の文顕《もんけん》然《ねん》なり。此《こ》の瑕瑾《かきん》を守《まも》りて其《そ》の誹謗《ひぼう》を成《な》す。迷《まよ》うて言《い》うか覚《さと》りて語《かた》るか、賢愚《けんぐ》弁《わか》たず是非《ぜひ》定《さだ》め難《がた》し。但《ただ》し災難《さいなん》の起《おこ》りは選択《せんちゃく》に因《よ》るの由《よし》、盛《さかん》に其《そ》の詞《ことば》を増《ま》し、弥《いよい》よ其《そ》の旨《むね》を談《だん》

ず。所詮《しょせん》天下《てんか》泰平《たいへい》国土《こくど》安穏《あんのん》は君臣《くんしん》の楽《ねが》う所《ところ》、土民《どみん》の思《おも》う所《ところ》なり。夫《そ》れ国《くに》は法《ほう》に依《よ》つて昌《さか》え、法《ほう》は人《ひと》に因《よ》つて貴《たっと》し、国《くに》亡《ほろ》び人《ひと》滅《めっ》せば、仏《ほとけ》を誰《たれ》か崇《あが》むべき、法《ほう》を誰《たれ》か信《しん》ずべきや。先《ま》ず国家《こっか》を祈《いの》りて須《すべか》らく仏法《ぶっぽう》を立《た》つべし、若《も》し災《わざわい》を消《け》し難《なん》を止《とど》むるの術《じゅつ》有《あ》らば聞《き》かんと欲《ほっ》す。

通釈

客はすなわち和《やわ》らいでいわく。

経を下《くだ》し僧を謗《ぼう》じているのは、法然一人だけとは云い難い。なぜなら主人もまた浄土の三部経を下《くだ》し法然を謗《ぼう》じているからである。

しかしながら、法然が大乗経六百三十七部・二千八百八十三巻、ならびに一切の諸仏・菩薩および諸《もろもろ》の世天（諸天善神）等を捨閉閣抛《しゃへいかくほう》の四字に載《の》せて誹謗したことは、選択にその詞《ことば》がもちろん有り、その文も顕然である。あなたは法然のこのわずかな疵《きず》を取り上げ強く誹謗しているが、果して法然は迷って云ったのか覚《さと》って語ったのであろうか。しかれば法然と主人と、一体どちらが賢く、どちらが愚かなのか、またどちらが是《ぜ》であり、非なのか、自分にはまだよくわからない。

ただし、災難の原因は選択によるということは盛んにその詞《ことば》を増し、いよいよその旨を談ぜられている。

所詮、天下泰平・国土安穏は君臣の楽《ねが》うところであり、万民の思うところである。そして、国は法に依って昌え、その法はまた崇《あが》める人がいるからこそ貴いのである。もし国が亡び、人が滅するならば、仏を誰が崇《あが》め、法を誰が信ずるであろうか。ゆえに、まず国家の安泰を祈って、しかるのち仏法を立てるべきである。もし災難を止《とど》め、国家を安泰にする術があるならば聞きたいものである。

語訳

一人には論じ難し　経を下し僧を謗じているのは法然一人ではない。主人もまた浄土の経を下し法然を謗じているではないかとの意。

瑕瑾《かきん》　美しき玉に傷のあること。すなわち短所、欠点の意。

賢愚弁《けんぐわか》たず　主人と法然と、どちらが賢くどちらが愚かなのか、私にはさっぱりわからないとの意。

講義

客は反抗の態度は全く無くなり和《やわ》らいだが、まだ〝主人と法然と、どちらが正しいのかよくわからない〃などと云っている。これは道理の上ではもう反論の余地はなくなったのだが、情の上での執着が幾分残っている姿である。

しかしながら目を覆う国土の惨状は眼前である。なんとか国土を安穏にしなければならない。よって主人に災難を止《とど》むる術を尋ねるのである。

ここで注意すべきは、主人も客も、国家安泰を願うことは同じように見えても、その考え方に天地の開きがあることである。すなわち客は国家を主として仏法を従と考えている。ゆえに

「国亡び人滅せば仏を誰か崇《あが》むべき、法を誰か信ずべきや。先ず国家を祈りて須《すべから》く仏法を立つべし」

と云うのである。しかし主人は仏法を立てれば国は自《おの》ずと安泰になると喝破されている。ゆえに後段にいたって

「汝早く信仰の寸心を改めて速に実乗の一善に帰せよ。然れば則ち三界は皆仏国なり、仏国其れ衰えんや、十方は悉く宝土なり、宝土何ぞ壊《やぶ》れんや」

と仰せられるのである。

安国だけを願って立正を真剣に考えない、これが客であり為政者の考えである。大聖人は、立正すれば願わずとも安国となる、断じて国は亡びず、人は滅せず、と断言あそばされる。この仰せを、実感を以って拝し得る者こそ、大聖人の弟子といえよう。

第二章　国家安泰の原理と禁断謗法を示す

一、国家安泰の原理を明かす

本文

主人《しゅじん》の曰《いわ》く、余《よ》は是《こ》れ頑愚《がんぐ》にして敢《あえ》て賢《けん》を存《そん》せず、唯《ただ》経文《きょうもん》に就《つ》いて聊《いささ》か所存《しょぞん》を述《の》べん。抑《そもそ》も治術《じじゅつ》の旨《むね》内外《ないげ》の間《かん》其《そ》の文《もん》幾多《いくばく》ぞや、具《つぶさ》に挙《あ》ぐべきこと難《かた》し。但《ただ》し仏道《ぶつどう》に入《い》つて数《しば》ば愚案《ぐあん》を廻《めぐ》らすに、謗法《ほうぼう》の人《にん》を禁《とど》めて正道《しょうどう》の侶《りょ》を重《おも》んぜば、国中安穏《こくちゅうあんのん》にして天下泰平《てんかたいへい》ならん。

通釈

主人のいわく。

自分は頑愚《がんぐ》であり、さらさら賢いわけではない。ただ経文についていささか所存を述べてみたい。そもそも国家安泰の方法については、仏教の経典にも外道《げどう》の書にも、その文はどれほどあるかわからない。とうてい挙げることができないほどである。ただし、仏法の中でこれをよくよく考えて見るに、その結論は、謗法の人《にん》を禁《とど》めて、正道の侶《りょ》を重んずるならば、国中安穏にして天下泰平になる、ということである。

語訳

余は是れ頑愚《がんぐ》にして　前文の「賢愚弁たず」との客の言葉を受けての謙遜の辞。

治術《じじゅつ》の旨《むね》　一国を安泰にする方法。

内外《ないげ》の間《かん》　内道たる仏教にも、また外道においても、古来より治術の旨は数えきれぬほど説かれているとの意。

謗法の人を禁《とど》めて正道の侶を重んぜば　「謗法の人」とは三大秘法を誹謗する者で、ここでは法然を指す。総じては一切の邪法の人師をいう。「正道の侶」とは三大秘法を弘める人、すなわち日蓮大聖人であらせられる。

すなわち「謗法の人を禁《とど》めて」とは破邪、「正道の侶を重んぜば」とは立正である。

日寛上人の文段には「三重秘伝云云と。正道の侶とは三箇の秘法を弘むる人なり、これはこれ元意なり、附文の辺は知るべし」とある。

講義

第七段の問答は、国家安泰の原理を示し、その具体的方法として止《し》施《せ》断命《だんみょう》、すなわち謗法への施《せ》を断つことと、謗者《ぼうしゃ》の命《いのち》を断ずることを明かされるのである。その中でこの一節は、客の問いに応じて、まず国家安泰の大原理を示されている。

「余は是れ頑愚《がんぐ》にして云々」は、客の問の「賢愚弁《わか》たず」を受けたご謙遜の辞《じ》ではあるが、主人の言は、一分も己義《こぎ》をまじえず経文を本《もと》としているとの意を強調遊ばすのである。

「治術《じじゅつ》の旨」すなわち一国を安穏に治める方法については、内外《ないげ》を問わずこれを論じた文は枚挙《まいきょ》にいとまがない。中国の孔子《こうし》・孟子《もうし》を始め今日に至るまで、政治・経済・科学・文化、それぞれの分野から、あるいはその方法につき、あるいはその心構えにいたるまで、まことにおびただしいことである。

ただし、それらの論に自《おの》ずと、部分観と全体観、表面と根底、あるいは対症療法と原因療法等の差別があるのである。

いま大聖人は、三世十方を徹見《てっけん》し法界を極める仏智を以って、国家安泰の根本原理をここに示し給う

た。それが

「謗法の人を禁《とど》めて正道の侶を重んぜば、国中安穏にして天下泰平ならん」

との仰せである。この御金言は、第一段で示された災難興起の原理と対応して、安国論中の肝要の一句である。

すなわち「謗法の人を禁《とど》め」とは破邪、「正道の侶を重んず」とは立正、「国中安穏云々」とは安国である。破邪立正こそが国家安泰の原理である。災難は背正帰悪《はいしょうきあく》によって起こり、安国は破邪立正によってもたらされる。このことをよくよく肝に銘ずべきである。

「正道の侶《りょ》」とは、その元意《がんい》は「三大秘法受持の人」すなわち末法下種の御本仏・日蓮大聖人の御事である。滅後においては、大聖人の御当体たる本門戒壇の大御本尊の御事《おんこと》である。

されば、本門戒壇の大御本尊を一国挙げて尊崇《そんそう》し、国立戒壇を建立することこそ、まさしく「正道の侶を重んずる」すなわち立正ということの究極の意である。

そして立正の前には必ず破邪がある。破邪とは「謗法の人を禁《とど》むる」ことであるが、その具体的方法を、以下に経文を以って示されるのである。

二、布施を止むることを示す

本文

即《すなわ》ち涅槃経《ねはんぎょう》に云《いわ》く「仏《ほとけ》の言《もう》さく、唯一人《ただいちにん》を除《のぞ》きて余《よ》の一切《いっさい》に施《ほどこ》さば、皆讃歎《みなさんたん》すべし。純陀《じゅんだ》問《と》うて言《いわ》く、云何《いか》なるをか名《なづ》けて唯除一人《ゆいじょいちにん》と為《な》す。仏《ほとけ》の言《もう》さく、此《こ》の経《きょう》の中《なか》に説《と》く所《ところ》の如《ごと》きは破戒《はかい》なり。純陀《じゅんだ》復《ま》た言《いわ》く、我《われ》今《いま》未《いま》だ解《げ》せず、唯願《ただねがわ》くば之《これ》を説《と》きたまえ。仏純陀《ほとけじゅんだ》に語《かた》って言《もう》さく、破戒《はかい》とは謂《いわ》く一闡提《いっせんだい》なり、其《そ》の余《よ》の在所《あらゆる》一切《いっさい》に布施《ふせ》せば皆讃歎《みなさんたん》すべし、大果報《だいかほう》を獲《え》ん。純陀《じゅんだ》復《ま》た問《と》いたてまつる、一闡提《いっせんだい》とは其《そ》の義《ぎ》云何《いか》ん。仏《ほとけ》の言《もう》さく、純陀《じゅんだ》若《も》し比丘《びく》及《およ》び比丘尼《びくに》・優婆塞《うばそく》・優婆夷《うばい》有《あ》って麁悪《そあく》の言《ことば》を発《はっ》し正法《しょうぼう》を誹謗《ひぼう》し、是《こ》の重業《じゅうごう》を造《つく》って永《なが》く改悔《かいげ》せず、心《こころ》に懺悔《ざんげ》無《な》からん、是《か》くの如《ごと》き等《とう》の人《にん》を名《なづ》けて一闡提《いっせんだい》の道《どう》に趣向《しゅこう》すと為《な》す。若《も》し四重《しじゅう》を犯《おか》し、五逆罪《ごぎゃくざい》を作《つく》り、自《みずか》ら定《さだ》めて是《か》くの如《ごと》き重事《じゅうじ》を犯《おか》すと知《し》れども、而《しか》も心《こころ》に初《はじ》めより怖畏《ふい》懺悔《ざんげ》無《な》く、肯《あえ》て発露《ほつろ》せず、彼《か》の正法《しょうぼう》に於《おい》て永《なが》く護惜《ごしゃく》

建立《こんりゅう》の心《こころ》無《な》く、毀呰《きし》・軽賤《きょうせん》して言《ことば》に過咎《かぐ》多《おお》からん、是《か》くの如《ごと》き等《とう》を亦《ま》た一闡提《いっせんだい》の道《どう》に趣向《しゅこう》すと名《なづ》く。唯《ただ》此《か》くの如《ごと》き一闡提《いっせんだい》の輩《やから》を除《のぞ》きて其《そ》の余《よ》に施《ほどこ》さば、一切《いっさい》讃歎《さんたん》すべし」と。

通釈

すなわち涅槃経にいわく。

仏のいわく「ただ一人を除いて、他の一切の人に布施するならば皆讃歎するであろう」と。純陀《じゅんだ》が質問していわく「ただ一人を除くとはどういう人をいうのでしょうか」仏のいわく「この経に説く〝唯一人〟とは破戒《はかい》の者である」と。純陀またいわく「自分にはまだわかりません、どうかくわしくお説き下さい」仏、純陀にいわく「破戒とは一闡提《いっせんだい》のことである、それ以外のあらゆる人に布施するならば皆讃歎し、大果報を得るであろう」

純陀また質問して云く「一闡提とはどのような意味ですか」仏のいわく「純陀よ、もし僧侶・尼・俗男・俗女にして、粗悪《そあく》のことばで正法を誹謗し、この重業を作っても永く改悔《かいげ》せず、また懺悔《さんげ》の心が全くないような者があったとする。このような者を名づけて一闡提の道に趣《おもむ》くというのである。

またあるいは、四重（殺・盗・婬・妄語）を犯し、父母を殺す等の五逆罪を作り、自分でもこのような重罪を犯していることを知りながら、初めから怖畏《ふい》懺悔《ざんげ》の心などなく、罪を隠そうとし、正法を守り令法久住せしめんとする心など少しもなく、かえって正法の悪口をいい、軽賤《きょうせん》し、間違ったことばかり云う者があろう。このような者を、また一闡提の道に趣くというのである。ただこのような一闡提の輩《やから》を除いて、そのほかの人に布施するならば、みな讃嘆するであろう」と。

語訳

即ち涅槃経に云く　涅槃経一切大衆所問品の文。

純陀《じゅんだ》　涅槃経の対告衆《たいごうしゅう》。釈尊が入滅する時、最後の供養をささげた人といわれる。

破戒　戒を破る者の意。小乗の戒には、五戒・八斎戒・十戒・二百五十戒・五百戒等、大乗の戒に十重禁戒・四十八軽戒《きょうかい》・三聚浄《じゅじょう》戒等、法華経には三如来室衣座の戒・四安楽行・普賢《ふげん》四種の戒等がある。末法においては受持即持戒《じゅじそくじかい》で、正法を受持し信行に励むことが唯一の持戒である。御義口伝に云く、「今日蓮等の類《たぐ》い南無妙法蓮華経と唱え奉り権教は無得道、法華経は真実と修行する是れは戒なり、防非止悪の義なり」と。

一闡提《いっせんだい》　不信の意。これに謗法闡提・犯重闡提・撥無闡《ほっむせん》提《だい》の三種の義がある。ここでは謗法闡提、すなわち正法を誹謗して改悔なき者をいう。

若し比丘《びく》**及び比丘尼**《びくに》**・優婆塞**《うばそく》**・優婆夷**《うばい》**有つて**　比丘は男の出家、比丘尼は女の出家、優婆塞は男の在家、優婆夷は女の在家をいう。日寛上人の文段に「夫れ一闡提とは外来の者に非《あら》ず、皆これ附仏法の四衆なり。この文は正しく正法を誹謗して改悔《かいげ》なき者を以て闡提と名づくるなり」と。

麁悪《そあく》**の言**《ことは》　悪口《あっく》雑言《ぞうこん》のこと。

改悔《かいげ》　悔《く》いあらためること。

懺悔《さんげ》　過去の罪悪を悟って悔い改めること。

若し四重を犯し　四重とは殺生《せっしょう》・偸盗《ちゅうとう》・邪淫《じゃいん》・妄語《もうご》のこと。日寛上人の文段には「この文は正しく重を犯して慚《はじ》なく護惜《ごしゃく》の心なきを以て闡提と名づくるなり。今所引の意は正しく護惜《ごしゃく》の心なきに在り」とある。

怖畏懺悔《ふいさんげ》　犯した悪業を自ら怖れ慎み、悔い改めること。

肯《あえ》て発露《はつろ》せず　心の奥底では気づきながらも表面に出して懺悔しないこと。

護惜建立《ごしゃくこんりゅう》　正法を護り、惜《お》しみ、これを建立して令法久《りょうぼうく》住《じゅう》せしめること。

毀呰《きし》　悪口をいうこと。

軽賤《きょうせん》　軽んじ賤《いや》しむこと。

過咎《かぐ》　過《あやま》ち、間違い。

講義

「謗法の人を禁《とど》むる」とは、具体的には止施《しせ》と断命《だんみょう》である。いまこの涅槃経の文は、止施《しせ》の文証である。すなわち仏法を破壊する謗法の人には絶対に布施《ふせ》をしてはいけないと、釈尊が厳禁されているのである。

一闡提《いっせんだい》に三種あり。第一に謗法闡提《ほうぼうせんだい》、第二に犯重闡提《はんじゅうせんだい》、第三に撥無闡提《はつむせんだい》であるが、ここにいう一闡提とは謗法闡提《ほうぼうせんだい》を指す。すなわち経文のごとく、〝正法を誹謗して改悔《かいげ》なき者〟である。ここに第二も挙げられているが「正法に於て永く護惜建立の心無く」との文がその引用の趣旨であるから、詮ずれば謗法闡提の意に通ずる。

これら一闡提の輩は決して外部の者ではなく、「比丘《びく》・比丘尼《びくに》・優婆塞《うばそく》・優婆夷《うばい》」すなわち仏弟子をよそおった僧・尼・男女信徒であることに注意しなければならない。

謗法の人を供養することは仏法の敵を養うことになるから、釈尊はここに厳禁したのである。もし誰人も経済的援助をしなければ、これら謗法・邪宗の僧侶等はもとより道念もなく宗教を職業としている者であるから、ただちに国中からその姿を消すに違いない。

三、仙予国王の命根断絶の先例を示す

本文

又云《またいわ》く「我《わ》れ往昔《むかし》を念《おも》うに、閻浮提《えんぶだい》に於《お》いて大国《たいこく》の王《おう》と作《な》れり。名《な》を仙予《せんよ》と曰《い》いき、大乗経典《だいじょうきょうてん》を愛念《あいねん》し敬重《きょうちょう》し、其《そ》の心純善《こころじゅんぜん》にして麁悪嫉悋《そあくしつりん》有《あ》ること無《な》し。善《ぜん》男子《なんし》、我爾《われそ》の時《とき》に於《おい》て心《こころ》に大乗《だいじょう》を重《おも》んず。婆羅門《ばらもん》の方等《ほうとう》を誹謗《ひぼう》するを聞《き》き、聞《き》き已《おわ》って即時《そくじ》に其《そ》の命根《みょうこん》を断《た》つ。善男子《ぜんなんし》、是《こ》の因縁《いんねん》を以《もっ》て是《これ》より已来《いらい》地獄《ぢごく》に堕《だ》

せず」と。又云《またいわ》く「如来昔国王《にょらいむかしこくおう》と為《な》りて菩薩《ぼさつ》の道《どう》を行《ぎょう》ぜし時《とき》、爾所《そこばく》の婆羅門《ばらもん》の命《いのち》を断絶《だんぜつ》す」と。又云《またいわ》く「殺《せつ》に三有《さんあ》り、謂《いわ》く下中上《げちゅうじょう》なり。下《げ》とは蟻子乃至一切《ぎしないしいっさい》の畜生《ちくしょう》なり、唯菩薩示現生《ただぼさつじげんしょう》の者《もの》を除《のぞ》く、下殺《げせつ》の因縁《いんねん》を以《もっ》て地獄《じごく》・畜生《ちくしょう》・餓鬼《がき》に堕《だ》して具《つぶさ》に下《げ》の苦《く》を受《う》く、何《なに》を以《もっ》ての故《ゆえ》に、是《こ》の諸《もろもろ》の畜生《ちくしょう》に微《かすか》の善根《ぜんこん》有《あ》り、是《こ》の故《ゆえ》に殺《ころ》す者《もの》は具《つぶさ》に罪報《ざいほう》を受《う》く。中殺《ちゅうせつ》とは凡夫人《ぼんぶにん》より阿那含《あなごん》に至《いた》るまで是《これ》を名《なづ》けて中《ちゅう》と為《な》す、是《こ》の業因《ごういん》を以《もっ》て地獄《じごく》・畜生《ちくしょう》・餓鬼《がき》に堕《だ》して具《つぶさ》に中《ちゅう》の苦《く》を受《う》く。上殺《じょうせつ》とは父母乃至阿羅漢《ふもないしあらかん》・辟支仏《ひゃくしぶつ》・畢定《ひつじょう》の菩薩《ぼさつ》なり、阿鼻大地獄《あびだいちごく》の中《なか》に堕《だ》す。善男子若《ぜんなんしも》し能《よ》く一闡提《いっせんだい》を殺《ころ》すこと有《あ》らん者《もの》は、則《すなわ》ち此《こ》の三種《さんしゅ》の殺《せつ》の中《なか》に堕《だ》せず、善男子彼《ぜんなんしか》の諸《もろもろ》の婆羅門等《ばらもんとう》は一切皆是《いっさいみなこ》れ一闡提《いっせんだい》なり」已上。

通釈

またいわく。

「自分（釈尊）は過去世において、閻浮提《えんぶだい》の大国の王となり、名を仙予《せんよ》といっていた。大乗経典を愛《あい》念《ねん》・敬重《きょうちょう》して、その心は純善であり、粗悪《そあく》の言や、嫉妬《しっと》の心、物おしみの心は露《つゆ》ばかりもなかった。善男子よ、自分はその時大乗を重んずるあまり、婆羅門《ばらもん》が方等《ほうとう》（大乗経典）を誹謗するのを聞き、聞きおわるやいなや、直ちにその命根を断《た》ってしまった。善男子よ、自分はこの因縁により、それより以来、いくたび生死をくりかえすとも、地獄に堕ちないのである」

またいわく「如来は昔、国王となって菩薩の道を修行していた時、若干《じゃっかん》の婆羅門《ばらもん》の命を奪った」と。

またいわく「殺生に三種ある、いわゆる下・中・上である。下とは蟻《あり》の子をはじめ、一切の畜生を殺すことである。ただし菩薩が衆生を救うために誓願して畜生に生れてきた菩薩《ぼさつ》示現生《じげんしょう》のものは除く。この下殺《げせつ》の因縁により、地獄・餓鬼・畜生に堕ち、つぶさに下《げ》の苦すなわち軽苦を受ける。なぜかといえば、これらのすべての畜生にも、微《び》少ではあるが善根がある。ゆえにこれを殺す者はつぶさに罪報を受けるのである。中殺《ちゅうせつ》とは、凡夫人から阿《あ》那《な》含《ごん》（声聞の悟りの一つ）に至るまでを中といい、これを殺せば、その業因で地獄・餓鬼・畜生に堕ち、つぶさに中の苦を受ける。上殺《じょうせつ》とは父母ないし阿羅漢《あらかん》（声《しょう》聞《もん》の中の最高位）・辟支仏《ひゃくしぶつ》（縁覚《えんがく》）・不退位の菩薩を殺すことである。これは阿鼻《あび》大地獄の中に堕ちるのである。ただし善男子よ、もし一闡提《いっせんだい》を殺す者は、この三種の殺の中に入らない。善男子よ、かの諸《もろもろ》の婆羅門《ばらもん》等はすべてみな正法を誹謗する一闡提《いっせんだい》である」

語訳

我れ……大国の王と作《な》れり　涅槃経聖行品の文。あとの二つの文は共に梵行品《ぼんぎょうぼん》の文。

嫉悋《しつりん》　嫉《しつ》はねたみ。悋《りん》はもの惜しみすること。

方等《ほうとう》　大乗経典のこと。

命根《みょうこん》　生命《いのち》のこと。

菩薩示現生《ぼさつじげんしょう》　菩薩が衆生済度のため、誓願して畜生の姿でこの世に生まれているもの。すなわち人間に食べられることにより縁を結び、衆生を救うのである。ゆえにこれは殺しても、罪にはならないという意。

下《げ》の苦　軽苦のこと。

阿那含《あなごん》　小乗仏教における声聞の聖者で、第一須陀洹《しゅだおん》、第二斯陀含《しだごん》、第三阿那含、第四阿羅漢《あらかん》の第三をいう。

辟支仏《ひゃくしぶつ》　十界の中の縁覚のこと。これは一には、仏の十二因縁の理を観じて、修行覚道《しゅぎょうかくどう》するゆえに名づけ、二には、飛華落葉《ひけらくよう》の縁に依って覚《さと》るゆえに、このように呼称する。

畢定《ひつじょう》の菩薩　修行が畢《おわ》って行位不退に安住している大菩薩。

講義

以上の涅槃経の文は、断命《だんみょう》の文証である。慈悲と柔和のシンボルのような釈尊が、たとえ相手が謗法者とはいえ、その人命を奪うことを認めているのは、世人に驚きと奇異《きい》の感を懐《いだ》かしむるであろう。

およそ仏法では、生物の命を奪うことは殺生戒を犯すものとして、なによりも強く誡めている。にもかかわらず涅槃経《ねはんぎょう》にこれを許しているのは、重々の子細がある。

その子細は、ここに引かれた涅槃経の一節にも明らかであるが、さらに大聖人の次の御書により明確である。

「有情《うじょう》の第一の財《たから》は命にすぎず、此れを奪う者は必ず三途《さんず》に堕《お》つ。然れば輪王《りんのう》は十善の始には不殺生《ふせっしょう》、仏の小乗経の始には五戒、其の始には不殺生、大乗・梵網経《ぼんもうきょう》の十重禁《じゅうじゅうきん》の始には不殺生、法華経の寿量品は釈迦如来の不殺生戒の功徳に当って候品《ほん》ぞかし。されば殺生をなす者は三世の諸仏にすてられ、六欲天も是を守る事なし、此の由は世間の学者も知れり、日蓮もあらあら意得て候。

但し殺生に子細あり、彼の殺さるる者の失《とが》に軽重あり。我が父母・主君・我が師匠を殺せる者をかへりて害せば、同じつみなれども重罪かへりて軽罪となるべし、此れ世間の学者知れる処なり。但し法華経の御かたきをば、大慈大悲の菩薩も供養すれば必ず無間地獄に堕つ。五逆の罪人も彼を怨《あだ》とすれば、必ず人天に生を受く。仙予《せんよ》国王・有徳《うとく》国王は五百無量の法華経のかたきを打ちて、今は釈迦仏となり給ふ。其の御弟子迦葉《かしょう》・阿難《あなん》・舎利弗《しゃりほつ》・目連《もくれん》等の無量の眷属《けんぞく》は、彼の時に先を懸《か》け、陣をやぶり、或は殺し、或は害し、或は随喜せし人人なり。覚徳比丘《かくとくびく》は迦葉仏《かしょうぶつ》なり、彼の時に此の工王を勧めて法華経のかたきをば父母《ふも》の宿世《すくせ》の叛逆《ほんぎゃく》の者の如くせし大慈大悲の法華経の行者なり。

今の世は彼の世に当れり。国主、日蓮が申す事を用ゆるならば彼がごとくなるべきに、用いざる上かへりて彼がかたうどとなり、一国こぞりて日蓮をかへりてせむ。上一人より下万民にいたるまで、皆五逆に過ぎたる謗法の人となりぬ」（主君耳入此法門免与同罪事）と。

以上の仰せに明らかなように、殺生はなによりの悪事ではあるが、殺された相手のいかんにより、殺した罪の軽重に差が生ずる。さらに一歩を進めれば、一国社会の安全を害するような極悪人に対しては、これを援助する者は大罪を作り、害する者はかえって社会に対し善行をしたことになる。この理により、今日の社会においても、極悪人に対しては国家は死刑を行っているのである。

いわんや正法を破壊する謗法の行為は、現世には国を亡ぼし未来には万民を永く地獄に堕とさせるゆえ、その罪の大なること深きこと、世間の極悪人に勝ること百千万億倍である。これがわかれば、国主たる者は自らの責務として、これら謗法の者の命根を断じても、その極悪を止《とど》めなければならない。

さて、釈尊が過去世において国王たりし時、謗者の命根《みょうこん》を断ったというのも、いつに謗法を禁《とど》めて正法を護持するためであり、また大慈悲のゆえである。

大慈悲のゆえに命を奪うというのはおかしく聞えるかも知れぬが、よくよく考えれば、謗法者は知らずとはいえ自《みずか》らの仏種を破壊せんとしているのだ。この自らを殺す非行を命根断絶により救済する。すなわちその色心を断じて慧命《えみょう》を全うさせるのである。またこれ以上の悪業をなすを許さず、命根断絶して未来の堕獄を救うのである。されば殺にも憤怒《ふんぬ》・残忍から出るものと、このように慈悲より出るものの二つがあるを知るべきである。

しかしここで注意しなければならないことがある。それは、このような謗法者に対する命根断絶という行為は、国主・国家権力がなすべきことであって、個人は絶対にしてはならない。ゆえに涅槃経にも、釈尊が過去世において国王であった時の行為として説かれているのである。

また時代によっても適・不適がある。後段に御指南があるが、釈迦以前においては命を断ずることが説かれているが、釈迦以後の時代・社会においては、その施《せ》を断つことを以って断命《だんみょう》に代えるのである。

これは謗法者の命を断ずること自体が本意ではなく、あくまでも謗法を禁断することがその目的であるからである。

ただし大聖人の御振舞いを拝するに、この立正安国論を以って第一回の諫暁がなされたのち、良観等の謗法の法師は、自非を悔《く》いるどころか、かえって主師親の三徳たる大聖人を国主に讒言《ざんげん》して殺害せしめんとした。このように謗法が極悪になり、その罪禍により国まさに亡びんとするに至れば、謗法対治もまた徹底せねば国は持たない。よって大聖人は文永八年の第二回目の諫暁の時、平左衛門に向って〝良観等の頸《くび》を刎《は》ねよ〟と強諫《ごうかん》し給うたのである。されば撰時抄にいわく

「去《いに》し文永八年九月十二日申《さる》の時に平左衛門尉《へいのさえもんのじょう》に向って云く、日蓮は日本国の棟梁《とうりょう》なり、予を失なうは日本国の柱橦《はしら》を倒すなり。只今に自界反逆難とてどしうちして、他国侵逼難とて此の国の人人他国に打ち殺さるのみならず、多くいけどりにせらるべし。建長寺《けんちょうじ》・寿福寺《じゅふくじ》・極楽寺《ごくらくじ》・大仏《だいぶつ》・長楽寺《ちょうらくじ》等の一切の念仏者・禅僧等が寺塔をばやきはらいて、彼等が頸《くび》をゆひのはまにて切らずば、日本国必ずほろぶべし

と申し候了ぬ」と。

国主はすでに末法下種の御本仏を殺害せんとしたのである。この大罪を償《つぐな》い国を救うには、徹底せる懺悔《ざんげ》がなければならない。この徹底せる懺悔を促がし給うた御意が、まさに〝頸《くび》を刎《は》ねよ〟の強言《ごうげん》であられることを、深く拝すべきである。

四、守護付属の経証を示す

本文

仁王経《にんのうきょう》に云《いわ》く「仏《ほとけ》波斯匿王《はしのくおう》に告《つ》げたまわく、是《こ》の故《ゆえ》に諸《もろもろ》の国王《こくおう》に付属《ふぞく》して比《び》丘《く》・比丘尼《びくに》に付属《ふぞく》せず、何《なに》を以《もっ》ての故《ゆえ》に、王《おう》の威力《いりき》無《な》ければなり」已上。

涅槃経《ねはんぎょう》に云《いわ》く「今《いま》無上《むじょう》の正法《しょうぼう》を以《もっ》て、諸王《しょおう》・大臣《だいじん》・宰相《さいしょう》・及《およ》び四部《しぶ》の衆《しゅう》に付《ふ》属《ぞく》す。正法《しょうぼう》を毀《そし》る者《もの》をば大臣《だいじん》四部《しぶ》の衆《しゅう》当《まさ》に苦治《くじ》すべし」と。又《また》云《いわ》く「仏《ほとけ》の言《もう》さ

く、迦葉《かしょう》能《よ》く正法《しょうぼう》を護持《ごじ》する因縁《いんねん》を以《もっ》ての故《ゆえ》に、是《こ》の金剛身《こんごうしん》を成就《じょうじゅ》することを得《え》たり。善男子《ぜんなんし》、正法《しょうぼう》を護持《ごじ》せん者《もの》は五戒《ごかい》を受《う》けず、威儀《いぎ》を修《しゅう》せず、応《まさ》に刀剣《とうけん》・弓箭《きゅうせん》・鉾槊《むさく》を持《じ》すべし」と。又云《またいわ》く「若《も》し五戒《ごかい》を受持《じゅじ》せん者《もの》有《あ》らば名《なづ》けて大《だい》乗《じょう》の人《にん》と為《な》すことを得《え》ざるなり。五戒《ごかい》を受《う》けざれども、正法《しょうぼう》を護《まも》るを為《もっ》て乃《すなわ》ち大乗《だいじょう》と名《なづ》く。正法《しょうぼう》を護《まも》る者《もの》は当《まさ》に刀剣器仗《とうけんきじょう》を執持《しゅうじ》すべし、刀杖《とうじょう》を持《たも》つと雖《いえど》も我《われ》是等《これら》を説《と》きて名《なづ》けて持戒《じかい》と曰《い》わん」と。

通釈

仁王経にいわく。

「仏が波斯匿《はしのく》王に告げていわくには、このゆえに諸《もろもろ》の国王に付属して、僧《そう》・尼《に》には付属しない。なぜかといえば、僧・尼には王のように悪人から正法を守る威力がないからである」

涅槃経にいわく。

「いま無上の正法を、諸王・大臣・宰相《さいしょう》・および僧尼・在家に付属する。もし正法を破らんとする者あれば、大臣・四部の衆（僧尼・在家）はこれを厳しく対治すべきである」と。

またいわく。

「仏のいわく。迦葉《かしょう》よ、自分はよく正法を護持した因縁を以って、この不壊《ふえ》の仏身を成就することができたのである。善男子よ、正法を護持する在家の者は、五戒を持《たも》たず威儀《いぎ》を修することなく、まさに刀剣・弓箭《きゅうせん》・鉾槊《むさく》を持って正法を守護すべきである」と。

またいわく。

「もし五戒を受持するものがあるならば、それらの人たちを大乗の人ということはできない。たとえ五戒は受けなくても、正法を護持する人を大乗の人というのである。正法を護る者は、まさに刀剣・器《き》仗《じょう》を持つべきである。たとえ刀杖を持っていても、自分はこれらの人を持戒と呼ぶであろう」と。

語訳

仁王経に云く　仁王経般若波羅蜜受持品の文。

波斯匿王《はしのくおう》　古代中インドの舎衛《しゃえい》国の王で、釈尊に深く帰依した。

付属　日寛上人は「付属に三義あり、一には弘宣《ぐせん》付属、二には伝持《でんじ》付属、三には守護付属なり」と。ここには第三の守護付属を意味する。

涅槃経に云く　大般涅槃経長寿品の文。この後の「又云く」の文は共に金剛身品の文。

苦治《くじ》　きびしく対治すること。

迦葉《かしょう》　釈尊の声聞十大弟子の迦葉ではなく、涅槃経の中の迦葉菩薩品の対告衆たる迦葉菩薩のこと。

金剛身《こんごうしん》　金剛石（ダイヤモンド）のように、いかなるものも壊すことのできない仏身のこと。

五戒　小乗経の戒。不殺生戒《ふせっしょうかい》、不偸盗戒《ふちゅうとうかい》、不邪淫戒《ふじゃいんかい》、不《ふ》妄語戒《もうごかい》、不飲酒戒《ふおんじゅかい》。

威儀《いぎ》　一般的には、重々しく畏敬すべき行い、いかめしい立居振舞い、作法にかなった動作、礼の細則などをいう。

弓箭《きゅうせん》　弓と矢。

鉾槊《むさく》　鉾とは剣のきっさきをいい、槊とは柄の長いほこのこと。

器仗《きじょう》　武器のこと。

講義

ここは守護付属《しゅごふぞく》を明かすところである。仏法流布の国においては、国王・大臣等あるいは在家の者は、身命を捨てて正法を守護すべきことが示されている。

仏法の付属には三つある。一には弘宣付属《ぐせんふぞく》、二には伝持《でんじ》付属、三には守護《しゅご》付属である。いま大聖人の仏法においてこれを論ずれば、

弘宣付属とは、一期弘法付属書《いちごぐほうふぞくしょ》がこれに当る。「日蓮一期の弘法、白蓮阿闍梨《あじゃり》日興に之を付属す。本門弘通の大導師たるべきなり」と。これ別しては日興上人御一人に対し、また総じては僧俗全体に広宣流布を命ぜられた御文である。よってこれを弘宣付属という。

伝持付属とは、池上相承書の「釈尊五十年の説法、白蓮阿闍梨《あじゃり》日興に相承す。身延山久遠寺の別当た

るべきなり」の御付属がそれである。これは日興上人以来歴代法主上人が大聖人の御法を相伝受持し、世々《よよ》相い継《つ》いで本寺に住持することをいう。古来寺主を住持というのもこの意である。この付属は僧にだけなされるものである。

守護付属とは、国主・為政者および在家の信徒に対し、仏法を守護せよと命じたものである。いまここに挙げられている仁王経の「諸の国王に付属す」あるいは涅槃経の「諸王・大臣・宰相及び四部の衆に付属す」の文がそれにあたる。ゆえに四条抄には「仏陀すでに仏法を王法に付し給う」と仰せられている。

なぜ守護付属が国王・大臣・在家に対してなされているかといえば、僧侶には「王の威力なければなり」のゆえである。もし悪人が武力等、もろもろの力を以って正法を破壊せんとした時には、国家権力あるいは実力ある在家の者でなくては、よく正法を護りきることができない。よって仏は仏法の守護を国主・在家に命ぜられたのである。

されば仏法流布の国の国主・為政者は、知ると知らざるとにかかわらず、皆この義務を負っていることになる。もしこの義務を果さなければ、国主は福徳を失い、国に三災を招くことは、大集経の「我が法の滅せんを見て捨てて擁護《おうご》せずんば、是《か》くの如く種《う》ゆる所の無量の善根悉く皆滅失して、其の国当《まさ》に三の不祥の事有るべし」の文に明らかである。

ことに三大秘法有縁の日本においては、その国主たる者の正法守護の責務はとりわけ重い。ここに大聖人は、日本国本来の国主たる皇室が衰微《すいび》されている当時の状況に鑑《かんが》み、国政を掌握している北条時頼を事実上の国主として、この立正安国論を以って守護付属の発動を促《うなが》し給うたのである。

しかしながら御在世は逆縁広布の時である。よって国主は守護付属を自覚することなく、かえって大聖人を流罪・死罪に処し奉り、大聖人はまたこの大難を用いて末法下種の三徳を開顕し、本門戒壇の大御本尊を此の国にお残し遊ばしたのである。

しかし将来、日本国の王法がこの守護付属にめざめ、国主も大臣も全国民も、正法守護に不惜身命の誓いをなす時が必ずくる。これが順縁広布の時である。大聖人はこのことを三大秘法抄に予言されて

「王法仏法に冥じ仏法王法に合して、王臣一同に本門の三大秘密の法を持ちて有徳王・覚徳比丘の其の乃往《むかし》を末法濁悪の未来に移さん時、勅宣並びに御教書を申し下して」云々と仰せられている。

実に日本の王法が守護付属に応《こた》え、その意志を勅宣・御教書に表わした時が国立戒壇建立の時である。されば国主に守護付属の覚醒《かくせい》を強く促がされた立正安国論こそ、国立戒壇建立をめざし給うたものであること一点の疑いもない。

ここにおいて、御諌暁の始めであるこの立正安国論と、御入滅の年の三大秘法抄と、本末究竟《ほんまつくきょう》して等しく、函蓋相応《かんがいそうおう》して一体なる趣きを、よくよく拝し奉るべきである。

次に「善男子正法を護持せん者は五戒を受けず…」等は、在家の仏法守護の在り方を示したものである。

もし仏法が悪人によって破壊されんとする時に、おのが品行方正だけに安住し、枝葉《しよう》の儀式・形式などにとらわれている者は不忠の弟子である。よって仏法守護に立つ者は、五戒とか威儀の末節にこだわることなく、ただ不惜身命の護法心だけを奮い起こし、仏法を破壊する者と戦うべし、と仰せられるのである。

「刀剣・弓箭《きゅうせん》・鉾槊《むさく》」とは武器である。要するに、仏法破壊の悪人に対し、仏法を守護するだけの実力を持て、との意である。実力なき者は護法をなし得ない。これをなし得なければ五戒を身に持っていても持戒《じかい》とはいわない。ただ実力を以って身命も惜しまず正法を守る者を、始めて持戒の者という。この厳しい誡めは、仏法まさに滅せんとする時、仏法を守ることがいかに大切なるかを御教示下されたものである。

五、有徳王・覚徳比丘の故事を示す

本文

又云《またいわ》く「善男子《ぜんなんし》、過去《かこ》の世《よ》に此《こ》の拘尸那城《くしなじょう》に於《おい》て、仏《ほとけ》の世《よ》に出《い》でたまうこと有《あ》りき、歓喜増益如来《かんぎぞうやくにょらい》と号《ごう》したてまつる。仏涅槃《ほとけねはん》の後正法《のちしょうぼう》世《よ》に住《じゅう》すること無量《むりょう》億歳《おくさい》なり、余《よ》の四十年仏法《しじゅうねんぶっぽう》の末《まつ》、爾《そ》の時《とき》に一《ひとり》の持戒《じかい》の比丘《びく》有《あ》り、名《な》を覚徳《かくとく》と曰《い》う。爾《そ》の時《とき》に多《おお》く破戒《はかい》の比丘《びく》有《あ》り、是《こ》の説《せつ》を作《な》すを聞《き》きて皆悪心《みなあくしん》を生《しょう》じ、刀杖《とうじょう》を執持《しゅうじ》し是《こ》の法師《ほっし》を逼《せ》む。是《こ》の時《とき》の国王《こくおう》、名《な》を有徳《うとく》と曰《い》う。是《こ》の事《こと》を聞《き》き已《おわ》つて護法《ごほう》の為《ため》の故《ゆえ》に即便《すなわ》ち説法者《せっぽうしゃ》の所《ところ》に往至《おうし》して、是《こ》の破戒《はかい》の諸《もろもろ》の悪比丘《あくびく》と極《きわ》めて共《とも》に戦闘《せんとう》す、爾《そ》の時《とき》に説法者厄害《せっぽうしゃやくがい》を免《まぬが》るることを得《え》たり。王爾《おうそ》の時《とき》に於《お》いて身《み》に刀剣箭槊《とうけんせんさく》の瘡《きず》を被《こうむ》り、体《からだ》に完《まった》き処《ところ》は芥子《けし》の如《ごと》き許《ばか》りも無《な》し。爾《そ》の時《とき》に覚徳尋《かくとくつ》いで王《おう》を讃《ほ》めて言《いわ》く、善《よ》きかな善《よ》きかな、王今真《おういましん》に是《こ》れ正法《しょうぼう》を護《まも》る者《もの》なり、当来《とうらい》の世《よ》に此《こ》の身当《みまさ》に無量《むりょう》の法器《ほうき》と為《な》るべし。王是《おうこ》の時《とき》に於《お》いて法《ほう》を聞《き》くことを得《え》已《おわ》つて、心大《こころおお》いに歓喜《かんぎ》し、尋《つ》いで即《すなわ》ち命終《みょうじゅう》して阿閦仏《あしゅくぶつ》の国《くに》に生《しょう》ず、而《しか》も彼《か》の仏《ほとけ》の為《ため》に第一《だいいち》の弟子《でし》と作《な》る。其《そ》の王《おう》の将従《しょうじゅう》・人民《にんみん》・眷属《けんぞく》・戦闘《せんとう》すること有《あ》りし者《もの》・歓喜《かんぎ》すること有《あ》りし者《もの》・一切菩提《いっさいぼだい》の心《こころ》を退《たい》せず、命終《みょうじゅう》して悉《ことごと》く阿閦仏《あしゅくぶつ》の国《くに》に生《しょう》ず。覚徳比丘《かくとくびく》却《さ》つて後寿終《のちいのちお》わりて亦《また》阿閦仏《あしゅくぶつ》の国《くに》に往生《おうじょう》することを得《え》て、而《しか》も彼《か》の仏《ほとけ》の為《ため》に声聞衆《しょうもんしゅう》の中《なか》の第二《だいに》の弟子《でし》と作《な》る。若《も》し正法《しょうぼう》尽《つ》きんと欲《ほっ》すること有《あ》らん時《とき》、当《まさ》に是《か》くの如《ごと》く受持《じゅじ》し擁護《おうご》すべし。迦葉《かしょう》、爾《そ》の時《とき》の王《おう》とは則《すなわ》ち我《わ》が身《み》是《これ》なり、説法《せっぽう》の比丘《びく》は迦葉仏《かしょうぶつ》是《これ》なり。迦葉《かしょう》、正法《しょうぼう》を護《まも》る者《もの》は是《か》くの如《ごと》き等《とう》の無量《むりょう》の果報《かほう》を得《え》ん、是《こ》の因縁《いんねん》を以《もっ》て我《われ》今日《こんにち》に於《おい》て種種《しゅじゅ》の相《そう》を得《え》て以《もっ》て自《みずか》ら荘厳《しょうごん》し、法身《ほっしん》不可壊《ふかえ》の身《み》を成《じょう》ず。仏《ほとけ》、迦葉菩薩《かしょうぼさつ》に告《つ》げたまわく、是《こ》の故《ゆえ》に法《ほう》を護《まも》らん優婆塞《うばそく》等《とう》は、応《まさ》に刀杖《とうじょう》を執持《しゅうじ》して、擁護《おうご》すること是《か》くの如《ごと》くなるべし。善男子《ぜんなんし》、我《われ》涅槃《ねはん》の後濁悪《のちじょくあく》の世《よ》に国土《こくど》荒乱《こうらん》し、互《たがい》に相《あ》い抄掠《しょうりょう》し人民《にんみん》飢餓《きが》せん、爾《そ》の時《とき》に多《おお》く飢餓《きが》の為《ため》の故《ゆえ》に発心出家《ほっしんしゅっけ》するもの有《あ》らん、是《か》くの如《ごと》きの人《にん》を名《なづ》けて禿人《とくにん》と為《な》す。是《こ》の禿人《とくにん》の輩《やから》、正法《しょうぼう》を護持《ごじ》するを見《み》て駈逐《くちく》して出《いだ》さしめ、若《もし》くは殺《ころ》し、若《もし》くは害《がい》せん。是《こ》の故《ゆえ》に我《われ》今《いま》持戒《じかい》の人《にん》、諸《もろもろ》の白衣《びゃくえ》の刀杖《とうじょう》を持《たも》つ者《もの》に依《よ》つて、以《もっ》て伴侶《はんりょ》と為《な》すことを聴《ゆる》す。刀杖《とうじょう》を持《たも》つと雖《いえど》も我《われ》是等《これら》を説《と》いて名《なづ》けて持戒《じかい》と曰《い》わん。刀杖《とうじょう》

を持《たも》つと雖《いえど》も命《いのち》を断《だん》ずべからず」と。

通釈

またいわく。

「善男子よ、過去の世にこの拘尸那城《くしなじょう》に於て、歓喜増益如来《かんぎぞうやくにょらい》という仏が出現されたことがある。その仏が入滅されたのち仏法は無量億歳もの長い間続いたが、その最後の四十年、仏法がまさに滅せんとする時、一人の正法を堅く受持した僧侶があった。名を覚徳《かくとく》という。

その時にまた正法を誹謗する無道心の悪僧が大勢いた。これらの悪僧らは、覚徳比丘《かくとくびく》が正法を説くのを聞き、皆悪心を生じ、刀杖を持って覚徳比丘を殺害せんとした。

この時の国王を有徳王《うとくおう》という。覚徳比丘が危害を加えられんとするを聞き、護法のために直ちにその場にかけつけ、謗法の悪比丘《あくびく》らと激しく戦った。この有徳王の奮戦により、覚徳比丘は辛《かろ》うじて殺害を免《まぬ》がれることができた。しかし王はこのとき全身に刀剣や箭槊《せんさく》の傷《きず》を受け、体にきずのないところは芥《け》子《し》つぶほどもないありさまであった。

これを見て覚徳比丘は王を讃《ほ》めて『善《よ》きかな、善きかな、王こそ今まことの正法護持の人である。未来世においてその身は必ず無量の法器《ほうき》となるであろう』といった。

王はその言葉を聞いて心に大歓喜を生じ、間もなく命終したが、阿閦仏《あしゅくぶつ》の国に生れ、しかもかの仏の第一の弟子となった。また有徳王の将従《しょうじゅう》・人民・眷属《けんぞく》およびこの護法の戦いに加った者、これを歓喜した者はことごとく菩提心《ぼだいしん》を失うことなく、命終ののちみな阿閦仏《あしゅくぶつ》の国に生れた。覚徳比丘もその後命終したのちまた阿閦仏の国に往生し、その仏の声聞衆中《しょうもんしゅうちゅう》の第二の弟子となった。もし正法まさに滅せんとする時には、かくのごとく正法を受持し擁護《おうご》すべきである。

迦葉《かしょう》よ、その時の王とはすなわち我が身である。説法の比丘《びく》とは迦葉仏《かしょうぶつ》(人寿二万歳の時出現した仏)のことである。迦葉よ、正法を護る者はこのように無量の大果報を得るのである。この因縁で自分(釈尊)は今日三十二相等の種々の相好《そうごう》を得て自らを荘厳《しょうごん》し、壊《こわ》れることのない法身《ほっしん》を成就することができたのである。

仏はさらに迦葉《かしょう》菩薩に告げていわれるには、

正法を護ろうとする在家の信徒は、まさに刀杖を身に帯し、有徳王のごとく正法を擁護しなくてはいけない。善男子よ、自分が入滅ののち、濁悪の世に、国土は荒乱し互いに土地や財産を奪いあい、民衆が飢餓に苦しむような時があろう。その時には、僧侶になれば生活がしのげようと、飢餓のゆえに出家する者が出るであろう。このような者を禿人《とくにん》という。この禿人《とく》の輩《やから》は正法を護持する者を見て必ず怨嫉《おんしつ》し、追い出そうとし、あるいは殺害するであろう。よって、自分はいま正法受持の人が、刀杖を持つ在家を伴侶《はんりょ》とすることを許す。たとえ刀杖を持っていても、自分はこれらを持戒《じかい》の者と呼ぶ。ただし、刀杖を持つといっても、あくまで護法のための防衛のためであって、決して軽々しく相手の命を奪ってはならない」と。

語訳

拘尸那城《くしなじょう》　釈迦在世の十六大国の一つ末羅《まつら》族の都城。釈迦はこの地を過ぎて、城外北の跋提河《ばつだいが》の西岸にある沙《さ》羅《ら》双樹《そうじゅ》のもとで涅槃に入った。

余の四十年仏法の末　歓喜増益《かんぎぞうやく》如来の仏法が世に住して無量億歳、その最後の四十年、仏法がまさに滅せんとする時をさす。

持戒の比丘《びく》　正法を堅持する僧侶。

破戒の比丘　前文の謗法闡提の者がこれに当る。

是の説を作《な》すを聞きて　是の説とは涅槃経を指す。

説法者　正法を説く覚徳比丘のこと。

芥子《けし》　種子が細かいので、微細なことの譬えとして用いられる。

当来《とうらい》の世　未来世のこと。

無量の法器　成仏の境涯を意味する。

阿閦仏《あしゅくぶつ》　東方妙喜《とうほうみょうき》世界の教主。法華経化城喩品《けじょうゆ》第七では、大通智勝仏の十六王子の第一智積《ちしゃく》王子の後身と説かれている。

菩提《ぼだい》の心　成仏を志すこと。

声聞衆《しょうもんしゅう》　小乗の声聞ではなく、真の仏弟子のこと。

迦葉《かしょう》　前出の涅槃経の対告衆たる迦葉菩薩のこと。

迦葉仏《かしょうぶつ》　過去七仏の第六で、現在の賢劫《けんこう》の住劫第九の減、人寿二万歳の時出現した仏。

種種の相　三十二相八十種好のこと。

法身不可壊《ほっしんふかえ》　なにものにも破壊されない仏身をいう。

相《あ》い抄掠《しょうりょう》し　互いに奪い合うこと。

禿人《とくにん》　生活のために出家した形だけのニセ坊主。

諸の白衣《びゃくえ》　昔、インドで出家の仏弟子は、穢色《えじき》の糞掃衣《ふんぞうえ》を着たのに対し、一般人は白い衣物を着ていたので、在家の信者を白衣《びゃくえ》といった。

講義

有徳王・覚徳比丘の故事《こじ》を引き、正法まさに滅せんとする時には、国主はかくのごとく正法を守護すべしとお示しになられた一段である。

釈迦仏の末法、謗法の法師充満の日本国において、ひとり大慈悲を以って三大秘法を説き給い、邪法の僧等の怨嫉によりついに命まで奪われんとした日蓮大聖人こそ、覚徳比丘のお姿であらせられる。北条時頼もし賢王であったなら、身を捨てて大聖人を御守護申し上げるべきところ、かえって怨《あだ》をなしたのであった。

前に述べたように、御在世は逆縁広布の時なるがゆえに、国主は守護付属にめざめず、かえって御本仏に怨《あだ》をなした。ただし、この有徳王・覚徳比丘の精神が、将来日本国において事相《じそう》に顕われる時が必ず来る。ゆえに三大秘法抄には「有徳王・覚徳比丘の其の乃往を末法濁悪の未来に移さん時」と御予言されているのである。

この有徳王・覚徳比丘の振舞いの中に、国家権力と仏法の関係・在り方が自ずと示されている。大聖人の仰せられる王仏冥合《おうぶつみょうごう》とは、政治権力が宗教を利用して己《おの》が政権の維持を計ったり、宗教が国家権力にへつらって自宗の繁栄を策したりするものではない。このような関係は自己の利益のために他を利用する関係で、まさに癒着《ゆちゃく》ともいうべきもので王仏冥合ではない。

有徳王・覚徳比丘の振る舞いを見よ。法を説く覚徳比丘も不惜身命、法を守る有徳王も不惜身命、そこには微塵《みじん》も利己《りこ》がない。ともに法を惜しむ大道念あるのみである。

かくのごとく、仏法のためには身命も惜しまぬ清純の信心が、宗門に、そして一国に満ち満ちた時、有徳王・覚徳比丘の故事は日本に事相となる。現在の宗門の姿は、この事相あらわれる前夜の混乱なのであろうか。「大悪は大善の来るべき瑞相《ずいそう》なり」（減劫御書）とはこれである。

六、念仏無間の文証を示す

本文

法華経《ほけきょう》に云《いわ》く「若《も》し人《ひと》信《しん》ぜずして此《こ》の経《きょう》を毀謗《きぼう》せば、即《すなわ》ち一切世間《いっさいせけん》の仏種《ぶっしゅ》を断《だん》ぜん、乃至其《ないしそ》の人命終《ひとみょうじゅう》して阿鼻獄《あびごく》に入《い》らん」已上。

通釈

法華経にいわく。

「もし人がこの法華経を信じないで毀謗《きぼう》するならば、すなわち一切世間の仏種を断ずることになる。乃至《ないし》、その人は命終して阿鼻獄《あびごく》に堕ちるであろう」と。

語訳

法華経に云く　譬喩品《ひゆほん》第三の文。

仏種《ぶっしゅ》　仏果を生じる因種。

阿鼻獄《あびごく》　八大地獄のうちでも、最も重い無間地獄のこと。

講義

ここに法華経譬喩品《ひゆほん》の文を再び引かれた御意は、法華経誹謗の罪が五逆罪より百千万億倍も深く重いことを示し、以て謗法を禁断すべきゆえんを明されるにある。

父母を殺す等の五逆罪は地獄に堕ちて一中劫を経《へ》る苦報を受けるが、これに比べて謗法罪は阿鼻地獄に堕ち、その期間も展転《てんでん》して無数劫《むしゅこう》に至るという想像を絶する大苦を受ける。

ゆえに譬喩品には

「若し人信ぜずして此の経を毀謗《きぼう》せば、則ち一切世間の仏種を断ぜん。乃至、其の人命終して阿鼻獄《あびごく》に入らん。一劫を具足して劫尽《こうつ》きなば更《また》生れん。是《かく》の如く展転《てんでん》して無数劫《むしゅこう》に至らん。地獄より出でては当《まさ》に畜生に堕《お》つべし。乃至、若し人と為《な》ることを得ては、諸根暗鈍《しょこんあんどん》にして矬陋攣躄《ざるれんびゃく》、盲聾背傴《もうろうはいう》ならん」

と説かれている。

謗法罪はなぜこのような重苦を受けるかといえば、一切世間の仏種を断ずるゆえである。「三世十方の仏は必ず妙法蓮華経の五字を種として仏になり給へり」（秋元御書）と。すなわち法華経本門寿量品の文底に秘沈された下種の御本尊は、十界の衆生の成仏の種子である。謗法はこの仏種を断ずる大罪なるゆえ、展転《てんでん》無数劫《むしゅこう》の大苦を受けるのである。

七、禁断謗法を結す

本文

夫《そ》れ経文顕然《きょうもんけんねん》なり、私《わたくし》の詞《ことば》何《なん》ぞ加《くわ》えん。凡《およ》そ法華経《ほけきょう》の如《ごと》くんば、大乗経典《だいじょうきょうてん》を謗《ぼう》ずる者《もの》は無量《むりょう》の五逆《ごぎゃく》に勝《すぐ》れたり、故《ゆえ》に阿鼻大城《あびだいじょう》に堕《だ》して永《なが》く出《いず》る期《ご》無《な》けん。涅槃経《ねはんぎょう》の如《ごと》くんば、設《たと》い五逆《ごぎゃく》の供《く》をば許《ゆる》すとも謗法《ほうぼう》の施《せ》を許《ゆる》さず、蟻子《ぎし》を殺《ころ》す者《もの》は必《かなら》ず三悪道《さんあくどう》に落《お》つ、謗法《ほうぼう》を禁《とど》むる者《もの》は不退《ふたい》の位《くらい》に登《のぼ》る、所謂覚徳《いわゆるかくとく》とは是《こ》れ迦葉仏《かしょうぶつ》なり、有徳《うとく》とは則《すなわ》ち釈迦文《しゃかもん》なり。法華《ほっけ》・涅槃《ねはん》の経教《きょうぎょう》は一代五時《いちだいごじ》の肝心《かんじん》なり、其《そ》の禁《いまし》め実《じつ》に重《おも》し、誰《たれ》か帰仰《きごう》せざらんや。而《しか》るに謗法《ほうぼう》の族《やから》・正道《しょうどう》を忘《わす》るるの人《にん》、剰《あまつさ》え法然《ほうねん》の選択《せんちゃく》に依《よ》つて弥《いよい》よ愚癡《ぐち》の盲瞽《もうこ》を増《ま》す。是《ここ》を以《もっ》て或《あるい》は彼《か》の遺体《いたい》を忍《しの》びて木画《もくえ》の像《ぞう》に露《あらわ》し、或《あるい》は其《そ》の妄説《もうせつ》を信《しん》じて莠言《ゆうげん》の模《かたぎ》を彫《え》り、之《これ》を海内《かいだい》に弘《ひろ》め、之《これ》を墎外《かくがい》に翫《もてあそ》ぶ、仰《あお》ぐ所《ところ》は則《すなわ》ち其《そ》の家風《けふう》、施《ほどこ》す所《ところ》は則《すなわ》ち其《そ》の門弟《もんてい》なり。然《しか》る間《あいだ》或《あるい》は釈迦《しゃか》の手指《てゆび》を切《き》りて弥陀《みだ》の印相《いんそう》を結《むす》び、或《あるい》は東方如来《とうほうにょらい》の鴈宇《がんう》を改《あらた》めて

西《さい》土《ど》教《きょう》主《しゅ》の鵝《が》王《おう》を居《す》え、或《あるい》は四《し》百《ひゃく》余《よ》回《かい》の如《にょ》法《ほう》経《きょう》を止《と》めて西《さい》方《ほう》浄《じょう》土《ど》の三《さん》部《ぶ》経《きょう》と成《な》し、或《あるい》は天《てん》台《だい》大《だい》師《し》の講《こう》を停《とど》めて善《ぜん》導《どう》の講《こう》と為《な》す、此《かく》の如《ごと》き群《ぐん》類《るい》其《そ》れ誠《まこと》に尽《つ》くし難《がた》し。是《こ》れ破《は》仏《ぶつ》に非《あら》ずや、是《こ》れ破《は》法《ほう》に非《あら》ずや、是《こ》れ破《は》僧《そう》に非《あら》ずや、此《こ》の邪《じゃ》義《ぎ》は則《すなわ》ち選《せん》択《ちゃく》に依《よ》るなり。嗟《あ》呼《あ》悲《かな》しいかな如《にょ》来《らい》誠《じょう》諦《たい》の禁《きん》言《げん》に背《そむ》くこと、哀《あわれ》なるかな愚《ぐ》侶《りょ》迷《めい》惑《わく》の麁《そ》語《ご》に随《したが》うこと。早《はや》く天《てん》下《か》の静《せい》謐《ひつ》を思《おも》わば、須《すべか》らく国《こく》中《ちゅう》の謗《ほう》法《ぼう》を断《た》つべし。

通釈

経文はこのように顕然である。このうえ私の言葉を何で加える必要があろうか。

およそ、法華経に説かれるごとくならば、大乗経典を謗《ぼう》ずる者は無量の五逆罪にも勝《まさ》る大罪である。ゆえに阿《あ》鼻《び》大《だい》城《じょう》に堕ちて永く出る時はないであろう。

また涅槃経のごとくならば、たとえ五逆罪を犯した者に供養することは許しても、謗法の人に布施することは許さない。また蟻《あり》の子を殺す者は必ず三悪道に落ちるが、謗法の人を禁《とど》める者は不退の位に登る。いわゆる覚徳とは迦葉仏《かしょうぶつ》であり、有徳とはすなわち釈尊である。これらの法華・涅槃の経教は釈尊一代五時の説法の中では肝心である。よってその禁《いまし》めは実に重い。誰が帰仰《きごう》せずにいられようか。

しかるに、諸宗はもともと謗法であり、正道を忘れた輩であるが、そのうえに法然の選択によっていよいよ愚痴《ぐち》の盲目を増し、あるいは法然の遺体を偲《しの》んで木画《もくえ》の像にあらわしたり、あるいはその妄説を信じて悪言を版木《はんぎ》に彫《ほ》り、これを国中に弘め、すみずみにまで流している。その結果、国中が仰ぐところは浄土の宗風《しゅうふう》であり、布施するのは法然の門弟に対してだけということになった。

このようなありさまであるから、あるいは釈迦の仏像の手指を切って弥陀《みだ》の印相《いんそう》に変え、あるいは東方薬師如来の堂塔を改めて西方《さいほう》阿弥陀《あみだ》の仏像を居《す》え、あるいは四百年来続けられてきた法華経書写の如《によ》法経《ほうぎょう》を止めて浄土の三部経を書写するようになり、あるいは天台大師の報恩講を停止して善導講《ぜんどうこう》としてしまった。

このような謗法の徒輩はとうてい数えきれない。これ破仏《はぶつ》ではないか、これ破法《はほう》ではないか、これ破《は》僧《そう》ではないか。これらの邪義はすなわち法然の選択に依る。まことに如来の深い覚りから出た禁言に背いているのは悲しいことであり、法然ごとき愚侶《ぐりょ》の悪言に従っているのは哀れなことである。早く天下の泰平を願うならば、何よりもこれら国中の謗法を断《た》つべきである。

語訳

大乗経典《だいじょうきょうてん》　法華経のこと、その元意は寿量品の文底に秘沈された三大秘法である。

無量の五逆《ごぎゃく》に勝《すぐ》れたり　殺《し》父《ふ》・殺《し》母《も》・殺《し》阿《あ》羅《ら》漢《かん》・破《は》和《わ》合《ごう》僧《そう》・出仏《すいぶつ》身血《しんけつ》の五逆を数限りなく犯した罪よりも謗法の罪は重いということ。

阿《あ》鼻《び》大城《だいじょう》　無間地獄のこと。

五逆《ごぎゃく》の供《く》　五逆罪を犯した者に供養すること。

謗法《ほうぼう》の施《せ》　正法を誹謗する者に布施・供養をすること。

三悪道　地獄・餓鬼・畜生をいう。

不退の位　仏道修行において、どのような誘惑や迫害があっても、退転しない境涯をいう。天台は菩薩の五十二位のうち、初住の位をもって不退としている。

莠言《ゆうげん》の模《かたぎ》　莠言とは善言に似た邪悪の言葉、ここでは法然の選択を指す。「模《かたぎ》を彫《え》り」とは印刷の版木を彫ること。

海内《かいだい》　四海のうち、国内・天下のこと。

郭外《かくがい》　郭《かく》とは「かこみ」をいう。都城の周辺を塁《るい》壁《へき》で囲んだところから城内を郭内、城外を郭外といった。ここでは都の外、田舎に至るまで法然の選択の邪義が広まったことをいう。

其《そ》の家風《けふう》　念仏宗の家風、すなわち法然の邪義。

釈迦の手指を切りて　善光寺の本尊も本《もと》は釈尊であったが中古より弥陀と称し、また相模の国の大盛入道は良観房の勧めによって、釈迦の指を切り弥陀の印としている。

印相《いんそう》　仏、菩薩の手や指の造像上の特定の形。この印相は仏像の種類を分類する重要な条件とされる。

東方如来《とうほうにょらい》　薬師如来のこと。

鴈宇《がんう》　伽藍《がらん》のこと。現在では仏堂をいう。

鵝王《がおう》　仏の異称のこと。

四百余回の如法経を止めて　天長十年、慈覚四十歳の時、身心疲労して眼も昏《くら》く、ために叡山の北の草庵に一時住む。たまたま感じて法華経を書写して小塔に蔵して名を如法堂という。これより法華経を書写することを如法経といい、その時以来文応に至るまで四百二十三・四年、ゆえに四百余歳という。法然これを止める。

天台大師の講　天台大師の入滅会。念仏が広まると共に善導講とすりかえられた。

誠諦《じょうたい》　悟りのこと。誠は真実、諦は明らかにする、究めるとの意味。すなわち仏が自ら深く究め、明らかにした真理。

講義

ここは第七段の結びである。

国土の災難を止《とど》めるには、謗法の人を禁《とど》めて正道の侶を重んじなければならない。しかもその文証は上来示された法華経・涅槃経等に顕然である。しかるに日本国中は法然の選択により、逆に邪法の人に供養し、三宝を破壊している状態である。されば、もし天下の静謐《せいひつ》を願うなら、国中の謗法を早く禁断せよと、強く仰せられ禁断謗法を結び給うのである。

静謐《せいひつ》　平穏・泰平の意。

第八段　斬罪の用否を示す

第一章　大集経に違するを示し斬罪を疑う

本文

客《きゃく》の曰《いわ》く、若《も》し謗法《ほうぼう》の輩《やから》を断《だん》じ、若《も》し仏禁《ぶっきん》の違《い》を絶《ぜっ》せんには、彼《か》の経文《きょうもん》の如《ごと》く斬罪《ざんざい》に行《おこな》うべきか。若《も》し然《しか》らば殺害《さつがい》相《あ》い加《くわ》え、罪業《ざいごう》何《いか》んが為《せ》んや。則《すなわ》ち大集《だいしっ》経《きょう》に云《いわ》く「頭《こうべ》を剃《そ》り袈裟《けさ》を著《ちゃく》せば、持戒《じかい》及《およ》び毀戒《きかい》なりとも、天人《てんにん》彼《かれ》を供養《くよう》すべし。則《すなわ》ち為《こ》れ我《われ》を供養《くよう》するなり、是《こ》れ我《わ》が子《こ》なり、若《も》し彼《かれ》を撾《か》打《だ》すること有《あ》れば則《すなわ》ち為《こ》れ我《わ》が子《こ》を打《う》つなり、若《も》し彼《かれ》を罵辱《めにく》せば則《すなわ》ち為《こ》れ我《われ》を毀辱《きにく》するなり」

と。料《はか》り知《し》りぬ、善悪《ぜんあく》を論《ろん》ぜず、是非《ぜひ》を択《えら》ぶこと無《な》く、僧侶為《そうりょた》るに於《お》いては供養《くよう》を展《の》ぶべし、何《なん》ぞ其《そ》の子《こ》を打辱《ちょうにく》して忝《かたじけな》くも其《そ》の父《ちち》を悲哀《ひあい》せしめん。彼《か》の竹杖《ちくじょう》の目連尊者《もくれんそんじゃ》を害《がい》せしや永《なが》く無間《むげん》の底《そこ》に沈《しず》み、提婆達多《だいばだった》の蓮華比丘尼《れんげびくに》を殺《ころ》せしや久《ひさ》しく阿鼻《あび》の焰《ほのお》に咽《むせ》ぶ、先証《せんしょう》斯《こ》れ明《あきら》かなり、後昆《こうこん》最《もっと》も恐《おそれ》あり。謗法《ほうぼう》を誡《いまし》むるに似《に》て既《すで》に禁言《きんげん》を破《やぶ》る、此《こ》の事信《ことしん》じ難《がた》し、如何《いかん》が意得《こころえ》んや。

通釈

客のいわく。

もし謗法の輩を禁断し、仏の禁《いまし》めに相違する者を絶《た》つには、かの経文（涅槃経）のように斬罪《ざんざい》にしなければならないのであろうか。もしそうであるならば、互いに殺害し合い、その殺生の罪はいったいどうなるのか。

すなわち大集経には「頭を剃《そ》り袈裟《けさ》を著《つ》けた者であるならば、たとえそれが持戒であり毀戒《きかい》であっても天人は彼を供養するであろう、すなわち我（釈尊）を供養することになるからである。出家は我が子である、よって彼を打つならば我が子を打つことになり、もし彼を罵《ののし》りはずかしめるならば、我をそしり辱めることになるのである」とある。

これを以って知るべきである。善悪を論ぜず是非をえらばず、僧侶であるならば誰に対しても供養すべきである。どうして仏子《ぶっし》を打ち辱《はずかし》めて、もったいなくもその父たる仏を悲哀させてよいものであろうか。

かの竹杖外道は目連尊者《もくれんそんじゃ》を殺害して永く無間地獄の底に沈み、提婆達多《だいばだった》は蓮華比丘尼《れんげびくに》を殺して久しく阿鼻地獄の焔《ほのお》にむせんだではないか。このように先証は明らかである。後世の人々は最もこれを恐れなくてはならない。

されば謗法の人を斬罪にすることは、謗法を誡めるようではあるが、すでにこの大集経の禁言を破っている。よって斬罪のことは信じ難い、どのように心得たらよいであろうか。

語訳

仏禁《ぶっきん》の違《い》　仏の禁誡に違背する者。

彼《か》の経文の如く　前に引かれた涅槃経等の文を指す。

殺害《さつがい》相《あ》い加《くわ》え　双文共に殺し合い、その結果殺生の罪を作ることになるではないか、との客の論難である。

大集経《だいしっきょう》に云く　大集月蔵経法滅尽品《だいしつがつぞうきょうほうめつじんぼん》の文。

袈裟《けさ》　僧が身にまとう法衣のこと。

毀戒《きかい》　戒律を破る者。破戒と同意。

天人　天界および人界の衆生。

撾打《かだ》　撾も打も、共に打つという意。

罵辱《めにく》　ののしり、はずかしめること。

彼《か》の竹杖《ちくじょう》の目連尊者《もくれんそんじゃ》を害《がい》せし　釈尊の十大弟子の一人である目連は、法華経の会座において未来成仏の記莂《きべつ》を受けたが、後に仏法を憎むバラモンの一派・竹杖外道に囲まれ、一度は脱出したが、過去の宿業を知って自ら戻り、殺されることによって宿業を消した。日寛上人の文段には「問う、目連《もくれん》すでに法華に於て初住《しょじゅう》の記《き》を得《う》、何ぞ外道《げどう》の殺す所と為《な》るや。答う、極果《ごっか》なお頭痛・背痛あり、況《いわ》んやまた初住をや。註に云く『業能《よ》く随逐《ずいちく》して聖に至るも免《まぬが》れず。但総報の悪業を断《た》つ、別報止まざる故に業を償《つぐな》うなり』云云」と。

提婆達多《だいばだった》の蓮華比丘尼を殺せし　提婆は調達《ちょうだつ》ともいい、出生の時諸天すでに彼が成長の後、三逆罪を犯すを知り、心に熱悩を感じたので天熱《てんねつ》と名づけられたという。我慢怨嫉の念強く、釈尊に敵対して和合僧を破り、釈尊を殺さんとして足の指より血を出し、のち蓮華比丘尼に面詰されて怒り、蓮華比丘尼を殺して殺阿羅漢《しあらかん》の罪を犯した。この時、大地が割れて生きながら無間地獄に堕ちたといわれている。この提婆も法華経では天王如来の記莂を受けている。

後昆《こうこん》　後世《こうせい》の人。

講義

第八段の問答は、涅槃経に説かれる〝命根を断つ〟ということが、どのような精神なのか、また末法今日における謗法禁断の在り方を、具体的に御指南された段である。

客は上来の涅槃経の断命についての文意を誤解し、僧侶を斬罪にすることが大集経の禁《いまし》めに背くのではないかと、斬罪についての疑問を主人に尋ねたのである。

第二章　末法適時の禁断謗法とは布施を止むるにあるを示す

本文

主人《しゅじん》の曰《いわ》く、客明《きゃくあきら》かに経文《きょうもん》を見《み》て猶《なお》斯《こ》の言《ことば》を成《な》す、心《こころ》の及《およ》ばざるか、理《り》の通《つう》ぜざるか。全《まった》く仏子《ぶっし》を禁《いまし》むるには非《あら》ず、唯偏《ただひとえ》に謗法《ほうぼう》を悪《にく》むなり。夫《そ》れ釈迦《しゃか》の以《い》前《ぜん》の仏教《ぶっきょう》は其《そ》の罪《つみ》を斬《き》ると雖《いえど》も、能仁《のうにん》の以後《いご》の経説《きょうせつ》は則《すなわ》ち其《そ》の施《せ》を止《とど》む。然《しか》れば則《すなわ》ち四海万邦《しかいばんぽう》一切《いっさい》の四衆《ししゅう》、其《そ》の悪《あく》に施《ほどこ》さずして皆此《みなこ》の善《ぜん》に帰《き》せば、何《いか》なる難《なん》か並《なら》び起《おこ》り、何《いか》なる災《わざわい》か競《きそ》い来《きた》らん。

通釈

主人のいわく。

第八段　斬罪の用否を示す

客は明らかに涅槃経を見ていながら、なおこのような質問をするとは、心が及ばないのか、理が通じないのか。涅槃経において止施断命《しせだんみょう》を説いているのは、全く仏子を禁《いまし》めているのではない。ただひとえに謗法を悪《にく》むのである。

そもそも釈迦以前の仏教においては謗法者の罪を斬ったが、釈迦以後の教説においては謗法者への布《ふ》施《せ》を止めることが説かれている。されば、四海万邦《しかいばんぽう》の一切衆生がことごとく謗法の悪に布施せず、みな正法の善に帰するならば、いかなる難が並びおこり、いかなる災が競い来るであろうか。

語訳

客明かに経文を見て　上来の涅槃経等の文をさす。

全く仏子《ぶっし》を禁《いまし》むるには非ず　日寛上人の文段には「これ大集経を会《え》するなり。謂《いわ》く、涅槃経の止施断命《しせだんみょう》は全く仏子を禁むるには非ずして、ただ謗法を悪《にく》むなり。若し大集経の『持戒・毀戒』はともに仏子に約す、これ謗法の人に約すに非ず、故に今の違文に非ざるなり」と。

釈迦の以前の仏教　涅槃経の仙予国王《せんよこくおう》、有徳王《うとくおう》等の例をさす。これらは釈迦がインドに出現する以前の因位《いんい》の修行の時代のゆえに、「釈迦以前」という。

能仁《のうにん》　釈尊のこと。能忍とも書く。〝能く難を忍ぶ〟の意で、仏が誹謗、迫害を忍んで一切衆生を救わんとする大慈悲に名づける。善無畏三蔵抄に「釈迦如来の御名をば能忍と名けて、此の土に入り給うに、一切衆生の誹謗をとがめずよく忍び給う故なり」と。

其の施　謗法者に布施をすること。

其の悪に施《ほどこ》さずして皆此の善に帰せば　日寛上人の文段に「『悪』は即ちこれ謗法なり、『善』は即ちこれ正法なり。まさに知るべし、『其の悪に施さず』とはこれ破邪なり。『皆此の善に帰せば』とはこれ立正なり。

『難なく災なし』とは豈《あ》に安国に非ずや。また復《また》善悪相対・権・迹・本等忘失すべからず」と。

講義

客は明らかに誤解している。すなわち涅槃経の止施断命《しせだんみょう》は仏弟子に対しての禁《いまし》めでなく、仏敵謗法に対していわれたことである。また大集経の「持戒《じかい》・毀戒《きかい》」等はともに仏弟子について論じられたもので、謗法者に供養せよといわれたものではない。

僧侶の形をした者の中に、仏法を破壊する悪比丘《あくびく》のあることは第三段の主答ですでに明らかである。すなわち「法師は諂曲《てんごく》にして人倫を迷惑し」と、また仁王経には「諸の悪比丘多く名利を求め……破仏法の因縁破国の因縁を説かん」また涅槃経には「実には沙門《しゃもん》に非ずして沙門の像《かたち》を現じ、邪見熾盛《しじょう》にして正法を誹謗せん」と。

大聖人が〝謗法の人を禁《とど》めよ〟と仰せられるのは、これら謗法の悪比丘・魔僧に対してである。彼らは形は仏弟子のごとくであるが、実は仏法破壊の仏敵なのである。大集経の「毀戒《きかい》」の僧侶とは、無智・無行で少々出来は悪いが、なお正法を受持しているから仏弟子のうちである。混同をしてはならない。

「釈迦の以前の仏教は其の罪を斬ると雖も、能仁の以後の経説は則ち其の施を止む」

釈迦・能仁《のうにん》はともに同じく釈尊の意味。仏教・経説は同じく涅槃経のことである。「以前」とは釈尊の過去世のこと。いわゆる仙予《せんよ》国王・有徳《うとく》王のことである。「以後」とは釈尊滅後のこと、いわゆる「唯一人を除きて余の一切に施さば」等の経文である。

ここにおいて「謗法の人を禁《とど》める」具体的な方法たる止施と断命について、大聖人は結論を下し給うておられる。すなわち釈尊以前は謗法の人の命根を断《た》ったが、釈尊以後は斬罪《ざんざい》に処することなく、その布施を断てと仰せられる。邪法の僧らに対し、国家はもちろん個人もことごとく布施をしなくなれば、国中から邪法の消滅することは火を見るより明らかである。

御文の中で、「其の悪に施さず」とは破邪。「此の善に帰せば」とは立正。「何なる難か並び起り、何なる災か競い来らん」とは安国である。

第九段　現当の大難を予言し立正安国を勧む

第一章　信を生じ謗法への施を断つを誓う

本文

客《きゃく》則《すなわ》ち席《せき》を避《さ》け襟《えり》を刷《つくろ》いて曰《いわ》く、仏教《ぶっきょう》斯《こ》れ区《まちまち》にして旨趣《ししゅ》窮《きわ》め難《がた》く、不審《ふしん》多端《たたん》にして理非《りひ》明《あきら》かならず。但《ただ》し法然聖人《ほうねんしょうにん》の選択《せんちゃく》現在《げんざい》なり、諸仏《しょぶつ》・諸経《しょきょう》・諸菩薩《しょぼさつ》・諸天《しょてん》等《とう》を以《もっ》て捨閉閣抛《しゃへいかくほう》に載《の》す、其《そ》の文《もん》顕然《けんねん》なり。茲《こ》れに因《よ》って聖人《しょうにん》国《くに》を去《さ》り善神《ぜんじん》所《ところ》を捨《す》てて、天下《てんか》飢渇《きかつ》し世上《せじょう》疫病《やくびょう》すと、今《いま》主人《しゅじん》広《ひろ》く経文《きょうもん》を引《ひ》いて明《あきら》かに理非《りひ》を示《しめ》す、故《ゆえ》に妄執《もうしゅう》既《すで》に飜《ひるが》えり耳目《じもく》数《しばしば》朗《あきら》かなり。所詮《しょせん》国土《こくど》泰平《たいへい》天下《てんか》安穏《あんのん》は、一人《いちにん》

より万民《ばんみん》に至《いた》るまで好《この》む所《ところ》なり楽《ねが》う所《ところ》なり。早《はや》く一闡提《いっせんだい》の施《せ》を止《とど》め、永《なが》く衆僧《しゅうそう》尼《に》の供《く》を致《いた》し、仏海《ぶっかい》の白浪《はくろう》を収《おさ》め、法山《ほうざん》の緑林《りょくりん》を截《き》らば、世《よ》は羲農《ぎのう》の世《よ》と成《な》り、国《くに》は唐虞《とうぐ》の国《くに》と為《な》らん。然《しか》して後《のち》法水《ほっすい》の浅深《せんじん》を斟酌《しんしゃく》し、仏家《ぶっけ》の棟梁《とうりょう》を崇重《そうちょう》せん。

通釈

客は席を避け、襟《えり》を正し、師弟の礼をとっていった。

仏教は多くの宗派に分かれ、その教義はなかなか究《き》わめがたく、わからないことが多く理非は明らかではない。ただし、法然聖人の選択《せんちゃく》は現《げん》にあり、その中で諸仏・諸経・諸菩薩・諸天等を捨閉閣抛《しゃへいかくほう》せよといっている、その文は顕然である。

この謗法により、聖人国を去り善神所を捨て、天下は飢渇《きかつ》し世間に疫病が流行するのであると、主人はいま広く経文を引いて明らかに理非を示して下さった。ゆえに間違った執着はすでにひるがえり、よくわかるようになってきた。

所詮、国土泰平・天下安穏は上一人より下万民に至るまで好むところであり、楽《ねが》うところである。早く謗法者への布施を止《や》め、永く正法の僧尼を供養し、仏法中の賊を断絶するならば、世は伏羲《ふくぎ》・神農《しんのう》の代のごとく穏やかになり、国は堯《ぎょう》・舜《しゅん》の聖代のごとく安らかになるであろう。しかしてのち、仏法の勝劣浅深を見きわめ、仏家の棟梁《とうりょう》を崇重したいと思う。

語訳

客則《すなわ》ち席を避《さ》け襟《えり》を刷《つくろ》いて　これまで対等に話していた客が、主人の言葉に打たれ信伏尊敬し、師弟の礼をとる様を表わす。

旨趣《ししゅ》　物事の道理。ここでは仏教各宗派の中心となる教義の意。

理非明かならず　どの宗派が正しく、どの宗派が邪であるか、という区別が明らかでないという意。

現在なり　現に在りということで、明らかであるとの意。

妄執《もうしゅう》　盲目的な執着《しゅうちゃく》。

耳目《じもく》数《しばしば》朗《あきら》か　正邪を聞き分ける耳、善悪を判断する目が、ほぼ明らかになった、との意。

衆僧尼《しゅうそうに》　ここでは正法を護持《ごじ》している僧や尼。

仏海《ぶっかい》の白浪《はくろう》　仏海とは釈尊の一代仏教の広大なるさまを海にたとえたもの。白浪とは盗賊の異称。ことに水賊・海賊を白浪と呼ぶ。ここでは仏法中の賊である法然等の邪僧をさす。

法山《ほうざん》の緑林《りょくりん》　法山とは釈尊の一代仏教を総称して、その高く大なるさまを山にたとえた言葉。緑林とは盗賊の異称、ことに山賊をさす。前漢の末、無頼の徒が緑林山に隠れて盗賊になった故事による。前文と同じく法然等の邪僧をさす。

羲農《ぎのう》の世《よ》　中国古代の聖人伏羲《ふくぎ》・神農《しんのう》の世を併称《へいしょう》して羲《ぎ》農《のう》の世という。この時代は国主の徳高く平和で災害なく理想的な時代であったという。

唐虞《とうぐ》の国《くに》　唐堯《とうぎょう》、虞舜《ぐしゅん》の古代中国の聖主の時代をさし、共に羲農の世と同じく、善政により繁栄した世といわれている。

法水《ほっすい》の浅深を斟酌《しんしゃく》し　仏経の浅深勝劣をよくきわめてという意。日寛上人の文段には「浅は即ち余経、深は即ち法華なり。故に秀句《しゅうく》に云く『浅は易《やす》し深は難《かた》し、六《ろく》難《なん》は法華を指し、九易《くい》は余経を指す』と云云取意。『法華はこれ大海なり』云云。『本地甚深』等云云」とある。

仏家《ぶっけ》の棟梁《とうりょう》　日寛上人の文段には「末法の仏家の棟梁は即ちこれ蓮祖大聖人なり。故に撰時抄に云く『去《いぬ》る文永八年九月十二日申《さる》の時に平左衛門尉に向って云く、日蓮は日本国の棟梁なり。予《よ》を失うは日本国の柱を倒すなり』等云云」と。

講義

客は主人の道理・文証・現証を示しての懇《こん》々たる慈喩《じゆ》に、いまや疑いも晴れ信を生じ、ついに師弟の礼をとるに至った。

そして主人のいわれるままに謗法者への施を止《とど》めることを決意し、天下泰平を心に期するのである。ただし客の認識はもっぱら破邪に止《とど》まり、未だ立正の深意には至らない。ゆえに国家が安泰になったのちに「法水の浅深を斟酌《しんしゃく》し、仏家の棟梁を崇重《そうちょう》せん」というのである。

いま、大聖人の御内証より「法水の浅深を斟酌」すれば、一切諸経の中で最も深い正法とは三大秘法である。ゆえに撰時抄には「最大深秘の正法」と仰せられる。また「仏家の棟梁」とは末法下種の主師親たる日蓮大聖人の御事である。ゆえに撰時抄には「日蓮は日本国の棟梁なり」と仰せられる。この下種の人・法こそ、正中の正である。

客は未だこの立正の深意を知らない。ただし「師は針のごとく弟子は糸のごとし」と。未だ深意を知らずとも、正直に謗法を捨てて主人に信伏随従すれば、自ずとその義に至るのである。

第二章　現当の大難を示し謗法対治を促がす

一、二難必来を予言す

本文

主人《しゅじん》悦《よろこ》んで曰《いわ》く、鳩化《はとけ》して鷹《たか》と為《な》り、雀変《すずめへん》じて蛤《はまぐり》と為《な》る、悦《よろこ》ばしきかな、汝《なんじ》蘭室《らんしつ》の友《とも》に交《まじわ》りて麻畝《まほ》の性《しょう》と成《な》る。誠《まこと》に其《そ》の難《なん》を顧《かえり》みて専《もっぱ》ら此《こ》の言《ことば》を信《しん》ぜば、風和《かぜやわ》らぎ浪静《なみしず》かにして、不日《ふじつ》に豊年《ぶねん》ならんのみ。但《ただ》し人《ひと》の心《こころ》は時《とき》に随《したが》つて移《うつ》り、物《もの》の性《しょう》は境《さかい》に依《よ》つて改《あらた》まる。譬《たと》えば猶《なお》水中《すいちゅう》の月《つき》の波《なみ》に動《うご》き、陣前《じんぜん》の軍《いくさ》の剣《つるぎ》に靡《なび》くがごとし。汝当座《なんじとうざ》に信《しん》ずと雖《いえど》も後定《のちさだ》めて永《なが》く忘《わす》れん。若《も》し先《ま》ず国土《こくど》を安《やす》んじて現当《げんとう》を祈《いの》らんと欲《ほっ》せば、速《すみやか》に情慮《じょうりょ》を廻《めぐ》らし、忩《いそ》ぎ対治《たいじ》を加《くわ》えよ。

所以《ゆえ》は何《いか》ん、薬師経《やくしきょう》の七難《しちなん》の内五難忽《うちごなんたちま》ちに起《おこ》り、二難猶残《になんなおのこ》れり、所以他国侵《いわゆるたこくしん》逼《ぴつ》の難《なん》・自界叛逆《じかいほんぎゃく》の難《なん》なり。大集経《だいしつきょう》の三災《さんさい》の内《うち》、二災早《にさいはや》く顕《あらわ》れ、一災未《いっさいいま》だ起《おこ》らず、所以兵革《いわゆるひょうかく》の災《わざわい》なり。金光明経《こんこうみょうきょう》の内《うち》の種種《しゅじゅ》の災過一一《さいかいちいち》に起《おこ》ると雖《いえど》も、他方《たほう》の怨賊国内《おんぞくこくない》を侵掠《しんりゃく》する此《こ》の災未《さいいま》だ露《あらわ》れず、此《こ》の難未《なんいま》だ来《きた》らず。仁王経《にんのうきょう》の七難《しちなん》の内《うち》六難今盛《ろくなんいまさか》んにして一難未《いちなんいま》だ現《げん》ぜず、所以四方《いわゆるしほう》の賊来《ぞくきた》りて国《くに》を侵《おか》すの難《なん》なり。加之《しかのみならず》「国土乱《こくどみだ》れん時《とき》は先《ま》ず鬼神乱《きじんみだ》る、鬼神乱《きじんみだ》るるが故《ゆえ》に万民乱《ばんみんみだ》る」と、今此《いまこ》の文《もん》に就《つ》いて具《つぶ》さに事《こと》の情《こころ》を案《あん》ずるに、百鬼早《ひゃくきはや》く乱《みだ》れ万民多《ばんみんおお》く亡《ほろ》ぶ、先難《せんなん》是《こ》れ明《あきら》かなり、後災何《こうさいなん》ぞ疑《うたが》わん、若《も》し残《のこ》る所《ところ》の難《なん》、悪法《あくほう》の科《とが》に依《よ》つて並《なら》び起《おこ》り競《きそ》い来《きた》らば、其《そ》の時何《ときいか》んが為《せ》んや。帝王《ていおう》は国家《こっか》を基《もとい》として天下《てんか》を治《おさ》め、人臣《にんしん》は田園《でんえん》を

領《りょう》して世上《せじょう》を保《たも》つ、而《しか》るに他方《たほう》の賊来《ぞくきた》りて其《そ》の国《くに》を侵逼《しんぴつ》し、自界叛逆《じかいほんぎゃく》して其《そ》の地《ち》を掠領《りゃくりょう》せば、豈驚《あにおどろ》かざらんや、豈騒《あにさわ》がざらんや、国《くに》を失《うしな》い家《いえ》を滅《めっ》せば、何《いず》れの所《ところ》にか世《よ》を遁《のが》れん、汝須《なんじすべから》く一身《いっしん》の安堵《あんど》を思《おも》わば、先《ま》ず四表《しひょう》の静謐《せいひつ》を禱《いの》るべきものか。

通釈

主人悦《よろこ》んでいわく。

中国の故事に、鳩が化《け》して鷹となり、雀が変じて蛤《はまぐり》となるとあるが、まことに悦《よろこ》ばしいことに、いま汝は正法正師の縁にふれ、麻畑《あさばたけ》の中の蓬《よもぎ》のように、まっすぐな正信の人となった。まことに国中の災難を憂慮して、一筋に我が言葉を信ずるならば、五風十雨《ごふうじゅうう》のごとく平穏な国土となり、日を経ずして世は豊年となるであろう。

ただし、人の心は時にしたがって移り、物の性《しょう》は環境によって変化する。たとえば水に映《うつ》った月影が波にゆれ動き、戦列を整えた軍隊が敵の剣になびくようなものである。汝も今ここでは信じていても、後には必ず永く忘れるであろう。もし、まず国土を安んじて今生後生の幸福を願うなら、速やかに情慮《じょうりょ》を廻《めぐ》らし、急いで謗法禁断を実行せよ。

その理由は、薬師経の七難のうち、五難はたちまちに起き二難がなお残っている、それは他国侵逼の難と自界叛逆の難である。大集経の三災のうち、二災はすでにあらわれ一災だけが残っている、すなわち兵革《ひょうかく》の災である。金光明経のうちの種々の災過は一つ一つ起きているが、他方の怨賊が国内を侵略するという災だけは未だあらわれない、未だ来ていない。仁王経の七難のうち、六難はいま盛んであるが一難はまだ現われない、すなわち四方の賊が来て国を侵す難である。それだけではない、経文には「国土の乱れる時はまず鬼神《きじん》が乱れる、鬼神乱れるがゆえに万民が乱れる」とある。いまこの文について、つぶさに事情を考えるに、百鬼は早くから乱れ万民は多く亡んでいる。

このように、先難はすでに明らかである。されば未だあらわれぬ後災をどうして疑えようか。もし残るところの自他の二難が、悪法の科《とが》によって並び起こり、競い来たるならば、その時どうするのか。帝王は国家を基盤として天下を治め、人民は田園を領して生活を持《たも》っている。しかるに他方の賊が来てその国を侵逼し、自界叛逆してその地を掠領《りゃくりょう》するならば、どうして驚かずにいられよう、騒がずにいられよう。国を失い家がなくなれば、どこに行って生活ができようか。汝もし一身の安堵《あんど》を願うならば、まず一国の安泰・世界の平和を祈るべきである。

語訳

鳩《はと》化《け》して鷹《たか》と為《な》り　物が大きく変化することを表わす。中国古代の伝説で礼記《らいき》・月令篇《がつりょうへん》にある説話。ここでは客がこれまでの謗法の執着を捨てて、主人の正しい教えに従うようになった変化をさしている。

麻《ま》畝《ほ》の性《しょう》と成る　麻畝とは麻畑のこと。蓬《よもぎ》のようにまっすぐ伸びない草でも、麻畑の中に生えるとまっすぐに伸びる。このことから邪法邪義を信じて誤った考え方に陥っていた者が、正法を信ずる人の中にいると自然と感化されて、正法を持つようになることをたとえたもの。

此の言《ことば》を信ぜば　日蓮大聖人の教えを信ずるならばとの意。すなわち邪法への布施を止め、正法に帰依すること。

風《かぜ》和《やわ》らぎ浪《なみ》静《しず》かにして　日寛上人の文段には「緑林《りょくりん》の風和ぎ、白浪《はくろう》の波静かに云云。五風・十雨等云云」と。

不《ふ》日《じつ》に豊《ぶ》年《ねん》ならん　「不日に」とは、日ならずして、すみやかに、との意。

物の性は境に依つて改まる　物の性質は、環境によって変わるとの意。日寛上人の文段に「物は即ちこれ人なり。まさに知るべし、心性は本《もと》善悪を具す。ゆえに外境に随って善悪の念生ず、たとえば水精の日輪の縁に随って火を生じ、月輪の縁に随って水を生ずるがごとし、すでに境によって善悪改変す。ゆえに『境に依って改まる』というなり」と。

陣前《じんぜん》の軍《いくさ》の剣《つるぎ》に靡《なび》く　陣地に整列している軍隊が、敵の攻撃の剣を見て動揺するさま。

現当を祈らん　現在と未来世の幸福を願うこと。すなわち成仏を志すことである。

情慮《じょうりょ》　「どのように事を運ぼうか」という思索、考え。

薬師経の七難　日寛上人の文段に「一には人衆疾疫《にんしゅうしつえき》難、二には他国侵逼《たこくしんぴつ》難、三には自界叛逆難、四には星宿変化難、五には日月薄蝕難、六には非時風雨難、七には過時不雨難なり」と。

大集経の三災　日寛上人の文段に「一には穀貴《こっき》、二には兵革《ひょうかく》、三には疫病《やくびょう》なり」と。

金光明経の内の種種の災過《さいか》　日寛上人の文段に「疫病、彗星《すいせい》、両日並び現じ、薄蝕恒《つね》なく黒白二虹《こくびゃくにこう》、星流れ、地動き井中に声を発し、暴雨・悪風・飢饉、他方の怨《おん》賊《ぞく》国内を侵掠《しんりゃく》する難等なり」と。

仁王経の七難　日寛上人の文段に「一には日月難、二には星宿難、三には衆火《しゅうか》難、四には時節難、五には大風難、六には天地亢《こう》陽難、七には四方の賊来る難なり」と。

先難是れ明かなり、後災何ぞ疑わん　日寛上人の文段に「法然の謗法に由るゆえに種々の災難いま世上に盛んなり。若し彼の謗法を退治せずんば、自他の叛逆来らんこと治定なり。故にこの論を勘《かん》え以てこれを奏するなり、故に重ねて四経の文を牒釈《ちょうしゃく》するなり。これこの論の肝要なり」と。

世上《せじょう》を保つ　生活を保持することをいう。

掠領《りゃくりょう》　土地や財産を奪い、占領すること。

一身《いっしん》の安堵《あんど》　安堵とは、不安のない生活、安住することをいう。

四表《しひょう》の静謐《せいひつ》　四表とは東西南北四方の意。国内の安定、世界の平和をいう。

講義

この一段は本論の肝要である。すなわち大聖人は、もし謗法を退治せずんば自界叛逆・他国侵逼の二難必ず来ることを、厳然とここに断言し給うたのである。云く

「先難是れ明かなり、後災何ぞ疑わん。若し残る所の難、悪法の科《とが》に依って並び起り競い来らば、其の時何《いか》んが為《せ》んや」と。

御本仏にあらずして、どうしてこのような御断言ができようか。まさしくこの自他の二難の御予言こそ、末法下種の本仏開顕の序《じょ》と拝すべきである。

この御文につき日寛上人は

「法然の謗法に由《よ》るゆえに、種々の災難いま世上に盛んなり。もし彼の謗法を退治せずんば、自他の叛逆来《きた》らんこと治定《じじょう》なり。ゆえに此の論を勘《かんが》え、以てこれを奏《そう》するなり。ゆえに重ねて四経の文を牒釈《ちょうしゃく》するなり。これ此の論の肝要なり」

と仰せられている。これは一往附文《ふもん》に約しての御指南である。もし元意《がんい》に約して本文を拝せば、先難たる正嘉の大地震も、後災たる自他の二難も、実に末法下種の御本仏・日蓮大聖人に背き奉る失《とが》によって起きたのである。

すなわち久遠元初の自受用身、末法に出現して三大秘法を以て一切衆生を救わんとするに、悪王・悪比丘《びく》等こぞって軽賤憎嫉《きょうせんぞうしつ》して迫害を加えるならば、諸天善神はまず天変地夭を以てこの謗法を諫める。しかるに国主等この諫めを用いずにさらに迫害を強めるならば、諸天は隣国の賢王をしてこの国を責めしむるのである。

このことを撰時抄には

「第五の五百歳の時、悪鬼の身に入《いれ》る大僧等国中に充満せん。其の時に智人一人出現せん。彼の悪鬼の入《いれ》る大僧等、時の王臣・万民等を語《かたらい》て、悪口罵詈《めり》・杖木瓦礫《じょうもくがりゃく》・流罪死罪に行はん時、釈迦・多宝・十方の諸仏、地涌の大菩薩らに仰せつけば、大菩薩は梵・帝・日月・四天等に申しくだされ、其の時天変地夭盛なるべし。国主等其のいさめを用いずば、隣国にをほせつけて彼々《かれがれ》の国々の悪王・悪比丘等をせめらるるならば、前代未聞の大闘諍・一閻浮提《いちえんぶだい》に起るべし」

第九段　現当の大難を予言し立正安国を勧む

また法蓮抄に云く

「予、不肖の身なれども、法華経を弘通する行者を、王臣人民之を怨《あだ》む間、法華経の座にて守護せんと誓いをなせる地神いかりをなして身をふるひ、天神身より光を出して此の国をおどす。いかに諫むれども用いざれば、結句は人の身に入って自界叛逆せしめ、他国より責むべし」と。

御在世の天変地夭および蒙古の責めが、ひとえに日蓮大聖人を境《きょう》として起きたことは明々白々。まさに大聖人が久遠元初の自受用身・末法下種の御本仏なればこそ、一国にこのような大現証が起きるのである。

ここに大聖人は正嘉の大地震を御覧になり、後に起こるべき自他の二難を、本論に厳然と予言し給うたのである。さればこの御予言こそ御本仏開顕の序である。

ゆえに蒙古襲来直後に著《あらわ》された聖人《しょうにん》知《ち》三世事《さんぜのこと》には

「後五百歳《ごごひゃくさい》には誰人を以て法華経の行者と之を知るべきや。予は未だ我が智慧を信ぜず、然りと雖《いえど》も自他の返逆《ほんぎゃく》・侵逼《しんぴつ》之を以て我が智を信ず、敢《あえ》て他人の為にするに非ず、又我が弟子等之を存知せよ、日蓮は是れ法華経の行者なり。……所謂《いわゆる》正嘉の大地震・文永の長星は誰か故ぞ、日蓮は一閻浮提第一の聖人なり。上一人より下万民に至るまで之《これ》を軽毀《きょうき》して刀杖を加え流罪に処するが故に、梵《ぼん》と釈《しゃく》と日月・四天と、隣国に仰せ付けて之を逼責《ひっせき》するなり。大集経に云く、仁王経に云く、涅槃経に云く、法華経に云く。設《たと》い万祈《ばんき》を作《な》すとも日蓮を用いずんば、必ず此の国今の壱岐《いき》・対馬《つしま》の如くならん」と。

御文中「日蓮は是れ法華経の行者なり」あるいは「日蓮は一閻浮提第一の聖人なり」との仰せは、末法下種の本仏なることの御宣言である。そしてこの事は、自他の二難の予言適中により顕われたのである。

またこの二難の御予言は、謗法の一切大衆を今生《こんじょう》に改悔《かいげ》せしめ、後生《ごしょう》の無間地獄の大苦を救わんとの大慈悲であられる。ゆえに佐渡御書には

「現世に云《いい》をく言《ことば》の違《たが》はざらんをもて、後生《ごしょう》の疑をなすべからず」と。

また王舎城事《おうしゃじょうのこと》には

「法華経の敵《かたき》となりし人をば、梵天《ぼんてん》・帝釈《たいしゃく》・日月《にちがつ》・四天《してん》罰し給いて、皆人に見懲《みこり》させ給へと申しつけて候。日蓮法華経の行者にてあるなしは是れにて御覧あるべし。かう申せば、国主等は此の法師の威《おど》すと思へるか。あへてにくみては申さず、大慈大悲の力、無間地獄の大苦を今生に消さしめんとなり」と。

以上もって、二難必来の御予言の重要性を知るべきである。

二、後生の堕獄を示し謗法を誡む

本文

就中《なかんづく》人《ひと》の世《よ》に在《あ》るや各後生《おのおのごしょう》を恐《おそ》る、是《ここ》を以《もっ》て或《あるい》は邪教《じゃきょう》を信《しん》じ、或《あるい》は謗法《ほうぼう》を貴《たっと》ぶ。各是非《おのおのぜひ》に迷《まよ》うことを悪《にく》むと雖《いえど》も、而《しか》も猶仏法《なおぶっぽう》に帰《き》することを哀《あわれ》む、何《なん》ぞ同《おな》じく信心《しんじん》の力《ちから》を以《もっ》て妄《みだ》りに邪義《じゃぎ》の詞《ことば》を崇《あが》めんや。若《も》し執心飜《しゅうしんひるがえ》らず亦曲意猶存《またごくいなおそん》せば、早《はや》く有為《うい》の郷《さと》を辞《じ》して必《かなら》ず無間《むげん》の獄《ごく》に堕《お》ちなん。所以《ゆえ》は何《いか》ん、大集経《だいしっきょう》に云《いわ》く「若《も》し国王《こくおう》有《あ》つて無量世《むりょうせ》に於《おい》て施戒恵《せかいえ》を修《しゅう》すとも、我《わ》が法《ほう》の滅《めっ》せんを見《み》て捨《す》てて擁護《おうご》せずんば、是《か》くの如《ごと》く種《う》ゆる所《ところ》の無量《むりょう》の善根《ぜんこん》悉《ことごと》く皆滅失《みなめっしつ》し、乃至其《ないしその》の王久《おうひさ》しからずして当《まさ》に重病《じゅうびょう》に遇《あ》い、寿終《じゅじゅう》の後大地獄《のちだいちごく》に生《しょう》ずべし、王《おう》の如《ごと》く夫人《ぶにん》・太子《たいし》・大臣《だいじん》・城主《じょうしゅ》・柱師《ちゅうし》・郡主《ぐんしゅ》・宰官《さいかん》も亦復是《またまたか》くの如《ごと》くならん」と。仁王経《にんのうきょう》に云《いわ》く「人仏教《ひとぶっきょう》を壊《やぶ》らば復《ま》た孝子無《こうしな》く、六親不和《ろくしんふわ》にして天神《てんじん》も祐《たす》けず、疾疫悪《しつえきあっ》鬼《き》日《ひ》に来《きた》りて侵害《しんがい》し、災怪首尾《さいげしゅび》し、連禍縦横《れんかじゅうおう》し、死《し》して地獄《ちごく》・餓鬼《がき》・畜生《ちくしょう》に入《い》らん。若《も》し出《い》でて人《ひと》と為《な》らば兵奴《ひょうぬ》の果報《かほう》ならん。響《ひびき》の如《ごと》く影《かげ》の如《ごと》く、人《ひと》の夜書《よるものかき》くに、火《ひ》は滅《めっ》すれども字《じ》は存《そん》するが如《ごと》く、三界《さんがい》の果報《かほう》も亦復《またまた》是《か》くの如《ごと》し」と。法華経《ほけきょう》の第二《だいに》に云《いわ》く「若《も》し人《ひと》信《しん》ぜずして此《こ》の経《きょう》を毀謗《きぼう》せば、乃至《ないし》其《そ》の人《ひと》命終《みょうじゅう》して阿鼻獄《あびごく》に入《い》らん」と。又《また》同第七《どうだいしち》の巻《まき》不軽品《ふきょうぼん》に云《いわ》く「千劫《せんごう》阿鼻地獄《あびぢごく》に於《おい》て大苦《だいく》悩《のう》を受《う》く」と。涅槃経《ねはんぎょう》に云《いわ》く「善友《ぜんゆう》を遠離《おんり》し正法《しょうぼう》を聞《き》かず悪法《あくほう》に住《じゅう》せば、是《こ》の因縁《いんねん》の故《ゆえ》に沈没《ちんもつ》して阿鼻地獄《あびぢごく》に在《あ》つて受《う》くる所《ところ》の身形《しんぎょう》縦横《じゅうおう》八万《はちまん》四千《しせん》由延《ゆえん》ならん」と。広《ひろ》く衆経《しゅうきょう》を披《ひら》きたるに専《もっぱ》ら謗法《ほうぼう》を重《おも》しとす、悲《かな》しいかな皆《みな》正法《しょうぼう》の門《もん》を出《い》でて深《ふか》く邪法《じゃほう》の獄《ごく》に入《い》る。愚《おろか》なるかな、各《おのおの》悪教《あくきょう》の綱《つな》に懸《かか》りて、鎮《とこしな》えに謗教《ぼうきょう》の網《あみ》に纏《まつ》わる、此《こ》の朦霧《もうむ》の迷《まよ》い、彼《か》の盛焔《じょうえん》の底《そこ》に沈《しず》む。豈《あに》愁《うれ》えざらんや、豈《あに》苦《くる》しからざらんや。

通釈

なかんずく、この世に生を受けた者は、おのおの後生《ごしょう》を恐れる。このゆえに、あるいは邪教を信じ、あるいは謗法を貴《たっと》んでしまうのである。それぞれ仏法の是非に迷うことは悪《にく》むべきであるが、何とか救われたいと仏法にすがっている姿は哀《あわ》れまずにはいられない。どうして同じく信心の力を以って妄《みだ》りに邪義の詞《ことば》をあがめるのであろうか。

もし邪法への執着が捨てきれず、曲った考えがなお心にあるならば、早くこの世を去り、必ず無間地獄に堕ちるであろう。

第九段　現当の大難を予言し立正安国を勧む

そのゆえは大集経にいわく。

「もし国王があって、無量世において布施《ふせ》・持戒《じかい》・智恵《ちえ》の修行をしてきたとしても、正法がまさに滅せんとするのを見て、捨て置いて守らないならば、過去世に積んできた無量の善根はことごとくみな滅失し、乃至、その王はまもなく重病にあい、死んでから大地獄に生ずるであろう。王と同じように、夫人・太子・大臣・城主・柱師《ちゅうし》・郡主《ぐんしゅ》・宰官《さいかん》もまた地獄に堕ちるであろう」と。

仁王経にいわく。

「人が仏法に背くならば、家においては孝養の子がなく、父母・兄弟・妻子はいつも不和で、諸天善神も守らない。このすきに乗じて疾疫悪鬼《しつえきあっき》が便りを得て、色々な災難が次々と起こり、死んだ後には地獄・餓鬼・畜生に堕ちるであろう。もし再び人と生れてきた時には、兵士や奴隷《どれい》のごとく束縛《そくばく》され酷使《こくし》される苦報を受けよう。響《ひびき》が声に応ずるごとく、影が体にそうごとく、人が夜《よる》文字を書くに、灯《あかり》は消えても文字は残るように、現世の造悪《ぞうあく》は因となり来生の苦果をもたらすのである」と。

法華経の第二にいわく。

「もし人が信じないでこの法華経を毀謗《きぼう》するならば、乃至、その人は命終《みょうじゅう》ののち阿鼻地獄《あびじごく》に堕ちるであろう」と。また同じく法華経の第七の巻不軽品《ふきょうぼん》にいわく。「死してのち千劫《せんごう》阿鼻地獄において大苦悩を受ける」と。

涅槃経《ねはんぎょう》にいわく。

「正法を持つ者を避けて正法を聞かず、悪法を信ずるならば、その因縁によって阿鼻地獄に沈み、身《しん》形《ぎょう》は縦横《じゅうおう》八万四千由延《ゆえん》という無限の苦しみを受けるであろう」と。

このように、広く衆経を開いてみるに、もっぱら謗法が重罪であることを説いている。しかるに悲しいかな、人々はみな正法の門を出て、深く邪法の獄《ごく》に入っている。愚かしいかな、悪教の綱《つな》にかかって永く謗法の網《あみ》にまつわっている。この邪正のわからぬ朦霧《もうむ》の迷いにより、かの阿鼻地獄の底に沈むのである。どうして愁《うれ》えずにいられようか、どうして苦しまずにいられようか。

語訳

各《おのおの》是非《ぜひ》に迷う　人々が宗教の是非善悪に迷い、混乱していること。

曲意《ごくい》　仏の教えを正しく聞こうとせず、自分勝手な考えを持つこと。我見・私曲の心である。

有為《うい》の郷《さと》　娑婆世界・この世の中。

仁王経に云く　仏説仁王般《はん》若《にゃ》波《は》羅《ら》蜜《みっ》経《きょう》嘱《ぞく》累《るい》品《ぼん》の文。

六親　父母兄弟妻子のこと。

災《さい》怪《げ》首《しゅ》尾《び》　災害や凶事が絶え間なく起こること。

連《れん》禍《か》縦《じゅう》横《おう》　禍いが連続して、いたるところ、あらゆる人に起こること。

兵《ひょう》奴《ぬ》の果《か》報《ほう》　人と生まれては、兵隊として戦争に駆り出されたり、奴《ど》隷《れい》のように人に屈《くつ》従《じゅう》して、全く楽しみがない最大不幸の境涯。

人の夜《よる》書く《ものか》に　日寛上人の文段に「現世の造悪は夜書の如し。其の身の死するは火滅の如し。来生の果は字の存するが如し云云」と。

三界の果報　欲《よく》界《かい》・色《しき》界《かい》・無《む》色《しき》界《かい》を三界という。このうち欲界とは、下は地獄界から上は天上界の六《ろく》欲《よく》天《てん》までをいい、食欲・性欲・権勢欲などの欲望の世界である。色界とは、欲界の外の浄らかな色法、すなわち物質だけが存在する天上界の一部。無色界とは、物質のない精神の世界で、最上の天上界をいう。但しここに引用された仁王経等の権経では、三界は六《ろく》道《どう》輪《りん》廻《ね》あるいは三悪道・四悪趣の意味で用いられ、悪業の因果に縛られて、不幸の境涯を転々とすることを意味する。

法華経の第二に云く　妙法蓮華経巻二譬《ひ》喩《ゆ》品《ほん》の文。

千《せん》劫《ごう》　一劫は倶《ぐ》舎《しゃ》論《ろん》によれば、人寿無量歳より百年ごとに一歳を減じて人寿十歳にいたり、この十歳から百年に一歳を増して人寿八万歳にいたるまでの間を一小劫という。また二十小劫を一中劫といい、無《む》間《げん》地獄の寿命は一中劫とされる。しかし、これは五逆罪を犯した場合で、謗法による堕獄は無《む》数《しゅ》劫《こう》の長期にわたる。いま不《ふ》軽《きょう》品《ぼん》に「千劫」とあるのは、不軽菩薩を迫害した謗法者が、最後に懺悔して軽く受けたゆえに千劫で済ませることができた。なお、ここに千劫というのは、千中劫のことを意味する。

涅槃経に云く　大般涅槃経迦葉菩薩品の文。

善《ぜん》友《ゆう》　善知識と同じ。正法を教えて仏道修行に導き、仏道を成ぜしめる人。

受くる所の身《しん》形《ぎょう》　縦横八万四千由《ゆ》延《えん》とは、無間地獄の広さをいう。すなわち無間地獄の筆舌に尽せぬ大苦を表わしている。

専《もっぱ》ら謗法を重しとす　いずれの経でも、正法を誹謗することが極重罪であることを説き、これを誡めている。

悪教の綱・謗教の網　邪法邪義に迷わされて、謗法の罪を重ねているさまをたとえられた言葉。

朦霧《もうむ》の迷い　霧で目の前が見えないように、邪教に迷わされて正法を見失っているさま。

彼《か》の盛焔《じょうえん》　「彼の」とは来世のこと。「盛焔」とは阿鼻地獄のこと。

講義

前の御文が現世の二難を予言されたのに対し、ここでは死後の堕獄《だごく》を示され、以て謗法の罪科《ざいか》の重大なることを御教示下されている。

もし三世の生命を知るならば、死後地獄に堕《お》ちるほど恐しいことはない。これを恐れないのは、赤児《あかご》が水の冷たさを知らず火の熱きを知らぬのと同じ、ただ無知のゆえというほかはない。

現世の生活の苦は、あるいは病気・貧乏・家庭不和、あるいは人に軽賤《きょうせん》され、あるいは拷問《ごうもん》を受ける等、たとえそれがどれほど堪《た》えがたいものに思われても、死後の地獄の大苦に比べれば物の数ではない。しかも現世はわずか七十年、死後の未来は永劫《えいごう》である。

されば人にとって、死後の堕獄こそ最も恐れ、憂えねばならぬところである。ゆえに後生を知るを賢人といい、後生を恐れぬ者を愚人というのである。

ここで三世の生命について少しく論ずれば、生命は死んでも消滅するものでなく、また生まれても無から有《う》を生じたのではない。生死はただ生命の存在形態の変化に過ぎない。あらゆる生命は生死を繰り返しながら、宇宙と共に常住しているのである。そして過去世・現世・未来世と因果が繫《つな》がっている。ゆえに過去世の行為すなわち宿業により現世の幸・不幸は決まり、また現世の所行により来世の果報は決まるのである。この三世の因果を本文には仁王経を引いて

「人の夜書《よるものか》くに、火は滅すれども字は存《そん》するが如く、三界の果報も亦復是《またまたか》くの如し」

と仰せられている。すなわち「夜書《よるものか》く」とは現世の造悪《ぞうあく》、「火は滅する」とはその身の死すること、そして「字は存する」とは後生の果報である。〝死ねばすべては終り〟などというのは、因果を知らぬ者のたわごとに過ぎない。

死後の生命は無相《むそう》であるから目には見えない。しかし大宇宙に冥伏《みょうぶく》して、生前の業報《ごうほう》を敏感に感受していくのである。ゆえにもし殺人などの悪行を犯せば、死してのち必ず地獄の業報を受ける。

この地獄にも種々の差別があるが、「阿鼻地獄《あびじごく》」というのは地獄の中でも最も苦痛の甚しい最下《さいげ》の地獄で、耐《た》えがたい大苦が間断無《かんだんな》く襲うところから、「無間地獄《むげんじごく》」ともいわれる。

経文には他の地獄の苦については具《つぶ》さに説かれているが、この無間地獄の大苦だけは説かれていない。そのわけは

「もし仏、此の地獄の苦を具《つぶ》さに説かせ給はば、人聴《き》いて血をはいて死すべき故に、くわしく仏説き給はず」（顕謗法抄）のゆえである。

大聖人は法蓮抄に、中国の名書家の烏竜《おりゅう》が法華経を誹謗して無間地獄に堕ちたのち、この輙《てつ》を息子の

遺竜《いりゅう》には踏《ふ》ませまいと、夢枕に立って遺竜に告げたという故事《こじ》を引いて、無間地獄の大苦を次のごとく御指南されている。

「我は是《こ》れ汝が父の烏竜《おりゅう》なり、仏法を謗《ぼう》せし故に舌《した》八つにさけ、五根《ごこん》より血を出し、頭七分《こうべしちぶん》に破れて無間地獄に堕《お》ちぬ。彼《か》の臨終の大苦をこそ堪忍《かんにん》すべしともおぼへざりしに、無間の苦は尚《なお》百千億倍なり。人間にして鈍刀《どんとう》をもて爪《つめ》をはなち、鋸《のこぎり》をもて頸《くび》をきられ、炭火《すみび》の上を歩《あゆ》ばせ、棘《いばら》にこめられなんどせし人の苦を、此の苦にたとへばかずならず」と。

この世の拷問《ごうもん》などは、無間地獄の大苦に比べれば物の数ではないと仰せられる。しかもこの大苦が、少しの間断も無く連続するのである。

この無間地獄の寿命は一中劫《いちちゅうこう》とされている。一中劫とは約三億二千万年に相当する。無間地獄に堕ちる業因《ごういん》は五逆《ごぎゃく》と謗法に限られる。同じ殺人でも、他人を殺すだけでは、他の地獄には堕ちてもこの無間地獄には堕ちない。父を殺し母を殺しあるいは破和合僧《はわごうそう》等の五逆罪を犯した時、始めて一中劫の間この無間地獄に堕ちるのである。

しかし、もし日蓮大聖人を憎嫉《ぞうしつ》したり、大御本尊を誹謗《ひぼう》する者は一中劫では済まない。この一中劫の大苦を幾たびも繰り返し、ついに無数劫《むしゅこう》に至ると経文には説かれている。すなわち法華経譬喩品《ひゆほん》には

「若し人信ぜずして此の経を毀謗《きぼう》せば、則《すなわ》ち一切世間の仏種《ぶっしゅ》を断《だん》ぜん。乃至、其の人命終《みょうじゅう》して阿鼻獄《あびごく》に入らん。一劫《いっこう》を具足《ぐそく》して劫《こう》尽きなば更《また》生まれん、是《かく》の如く展転《てんでん》して無数劫《むしゅこう》に至らん」と。

この謗法の罪の重さ、よくよく心腑に染めねばならぬ。ゆえに大聖人は本文に

「広く衆経《しゅうきょう》を披《ひら》きたるに専《もっぱ》ら謗法を重《おも》しとす。悲いかな皆正法の門を出《い》でて深く邪法の獄《ごく》に入る。愚《おろか》なるかな各悪教《おのおのあくきょう》の綱《つな》に懸《かか》りて、鎮《とこしな》えに謗教《ぼうきょう》の網《あみ》に纏《まつ》わる。此の朦霧《もうむ》の迷い、彼《か》の盛焔《じょうえん》の底に沈む、豈《あに》愁《うれ》えざらんや、豈《あに》苦しからざらんや」

と誡め給うのである。

さてそれでは、死後地獄に堕ちる、あるいは成仏する等は、何を以て知ることができるのであろうか。仏法は空理空論ではない、すべて証拠を以て論ずる。その証拠こそ臨終の相である。死後の堕獄あるいは成仏は、その前相が厳然とその人の臨終の相に顕われる。ゆえに臨終の相の善悪を以て、後生を知ることができるのである。

千日尼御前御返事に云く

「人は臨終の時、地獄に堕《お》つる者は黒色《こくじき》となる上、其の身重き事千引《ちびき》の石《いわ》の如し。善人は設《たと》い七尺八尺の女人なれども、色黒き者なれども、臨終に色変じて白色《びゃくじき》となる、又軽き事鵞毛《がもう》の如し、輭《やわらか》なる事兜《と》羅綿《ろめん》の如し」と。

また妙法尼御前御返事に云く

「されば先ず臨終の事を習《なろ》うて後《のち》に他事《たじ》を習うべしと思いて、一代聖教の論師《ろんし》・人師《にんし》の書釈《しょしゃく》あらあら勘《かんが》へ集めて、此を明鏡として、一切の諸人の死する時と並びに臨終の後《のち》とに引き向《むか》えてみ候えば、すこ

しもくもりなし」と。

さらに神国王御書には邪法真言の元祖・善無畏三蔵《ぜんむいさんぞう》の堕獄を断定されて云く

「善無畏三蔵は、乃至、死する時は『黒皮隠隠《こくひいんいん》として骨甚《ほねはなは》だ露焉《あらわる》』と申して、無間地獄の前相を其の死《し》骨《こつ》に顕《あらわ》し給いぬ。人死して後ち色《の》の黒きは地獄に堕《お》つとは、一代聖教に定むる所なり」と。

およそ臨終は人の意志ではどうにもならぬものである。しかるに三世の生命を見通した上で、この臨終の法則性を云い切る仏法の凄さ仏智の偉大さには、驚嘆せざるを得ない。以上の御指南のごとく、臨終の証拠を以て死後の果報を知ることができるのである。

いわんや大聖人が御予言された自界叛逆・他国侵逼の二難が、一分も違わず現世に符合《ふごう》するにおいては、どうして後生のことを疑えようか。ゆえに佐渡御書には

「現世に云《いい》をく言《ことば》の違はざらんをもて、後生の疑いをなすべからず」

と仰せられる。実に立正安国論における自他の二難の御予言も、その正意はこの適中を以て一切衆生に末法一人の下種の本仏を信ぜしめ、今生に改悔《かいげ》せしめて未来の無間地獄の大苦を救わんとあそばす大慈悲にほかならない。

ゆえに蒙古の侵略が事実となった文永十一年十二月の顕立正意抄には、立正安国論の二難予言の御文を挙げてのち

「又立正安国論に云く『若し執心《しゅうしん》飜《ひるが》えらず亦曲意《ごくい》猶存せば、早く有為《うい》の郷《さと》を辞して必ず無間《むげん》の獄に堕《だ》

せん』等云々。今符合《ふごう》するを以って未来を案ずるに、日本国の上下万人阿鼻大城に堕せんこと大地を的と為すが如し。此等は且《しば》らく之を置く。日蓮が弟子等又此の大難脱れ難きか。乃至、我弟子等の中にも信心薄淡《うす》き者は、臨終の時阿鼻獄の相を現ず可し。其の時我を恨む可からず」と。

まことに恐るべきは無間の大苦、そして憂うべきは謗法の重科なのである。

三、立正安国を結勧す

本文

汝早《なんじはや》く信仰《しんこう》の寸心《すんしん》を改《あらた》めて速《すみやか》に実乗《じつじょう》の一善《いちぜん》に帰《き》せよ。然《しか》れば則《すなわ》ち三界《さんがい》は皆仏《みなぶつ》国《こく》なり、仏国其《ぶっこくそ》れ衰《おとろ》えんや。十方《じっぽう》は悉《ことごと》く宝土《ほうど》なり、宝土《ほうど》何《なん》ぞ壊《やぶ》れんや。国《くに》に衰《すい》微《び》無《な》く土《ど》に破壊《はえ》無《な》くんば、身《み》は是《こ》れ安全《あんぜん》にして心《こころ》は是《こ》れ禅定《ぜんじょう》ならん。此《こ》の詞《ことば》此《こ》の言《こと》、信《しん》ずべく崇《あが》むべし。

通釈

汝早く信仰の寸心を改めて、速《すみや》かに実乗の一善に帰依せよ。そうすればその時、三界は皆仏国となる。この仏国がどうして衰えようか。また十方はことごとく宝土となる。宝土がどうして壊《やぶ》れようか。もし国に衰微《すいび》がなく、また国土に三災七難による破壊《はえ》がなければ、身は安全であり心はこれ禅定となるであろう。この言葉を深く信じ崇《あが》めるべきである。

語訳

実乗《じつじょう》の一善　附文の辺は実大乗の法華経であるが、元意は寿量文底独一本門の三大秘法、すなわち本門戒壇の大御本尊のこと。

仏国　正法により成仏した国土。

宝土　仏国土のこと。

禅定《ぜんじょう》　心に不安がなく、静かで落ちついていること。

講義

この一節は立正安国を結び勧《すす》める重要な御文である。

御文において「信仰の寸心を改めて」とは破邪、「実乗の一善に帰せよ」とは立正、「然れば則ち三界は皆仏国」以下は安国である。

立正安国論の全体を拝するに、その御指南は専《もっぱ》ら破邪に重きが置かれ、立正についての御教示はただここに示された「実乗の一善に帰せよ」との御文だけである。

このことは、本論が邪法に執着する国主への諫暁の書であること、また未だ御化導の始めなるがゆえである。

「実乗の一善に帰せよ」

「実乗の一善」とは、附文《ふもん》の辺《へん》は実大乗である法華経を指す。しかしこの御言葉は、権経に執する念仏等の邪法に対比して、いわゆる権実相対の立場で仰せられた御表現である。ゆえにその元意《がんい》を尋ねれば、法華経本門寿量品の文底に秘沈された三大秘法を指すことは、諸抄の意に明らかである。

そして三大秘法の随一は、弘安二年十月十二日に図顕あそばされた「本門戒壇の大御本尊」である。ゆえに「実乗の一善」とは、その実体まさしく「本門戒壇の大御本尊」の御事なのである。

この大御本尊を日本一同に信じ奉り、本門戒壇すなわち国立戒壇に安置し奉る時、日本は仏国となる。されば「実乗の一善に帰せよ」とは国立戒壇を建立することにある。

ただしこの本門戒壇の建立は広宣流布の暁でなければ実現し得ない。御在世には未だこの時至らず、

よって大聖人はこの大事を日興上人に命じ給うたのである。ゆえに一期弘法付嘱書《いちごぐほうふぞくしょ》に云く

「日蓮一期《いちご》の弘法《ぐほう》、白蓮阿闍梨《びゃくれんあじゃり》日興に之を付嘱《ふぞく》す。本門弘通の大導師たるべきなり。国主此の法を立てらるれば、富士山に本門寺の戒壇を建立《こんりゅう》せらるべきなり。時を待つべきのみ。事《じ》の戒法《かいほう》と謂《い》うは是れなり。就中《なかんずく》我が門弟等此の状を守るべきなり」と。

「日蓮一期の弘法」とは申すまでもなく戒壇の大御本尊の御事である。この大御本尊を日興上人に付嘱し、事《じ》の広宣流布の時、富士山に本門戒壇を建立せよと御遺命し給うたのである。

実に本門戒壇とは、「本門戒壇の大御本尊」の力用により、日本および全世界を仏国と化《か》する秘術なのである。

ではこの本門戒壇は、いつ、どのようにして、どこに立てられるべきなのか。これを明かされたのが、御入滅の年に著《あら》わされた三大秘法抄である。いまその御文を挙げれば

「戒壇とは、王法《おうぼう》仏法に冥《みょう》じ仏法王法に合《がっ》して、王臣一同に本門の三大秘密《さんだいひみつ》の法を持《たも》ちて、有徳王《うとくおう》・覚徳比丘《かくとくびく》の其の乃往《むかし》を末法濁悪《じょくあく》の未来に移さん時、勅宣《ちょくせん》並びに御教書《みぎょうしょ》を申し下《くだ》して、霊山浄土《りょうぜんじょうど》に似たらん最勝の地を尋ねて戒壇を建立す可《べ》き者か。時を待つ可《べ》きのみ。事《じ》の戒法《かいほう》と申すは是《こ》れなり。三国《さんごく》並びに一閻浮提《いちえんぶだい》の人《にん》・懺悔滅罪《ざんげめつざい》の戒法のみならず、大梵天王《だいぼんてんのう》・帝釈《たいしゃく》等も来下《らいげ》して踏《ふ》み給うべき戒壇なり」と。

重大な御指南であるから少々解説を加える。

まず戒壇建立の「時」についての御指南が「王法仏法に冥じ……未来に移さん時」までの御文である。

「王法仏法に冥じ、仏法王法に合して」とは、一国の統治権力そして政治が、日蓮大聖人の三大秘法こそ国家安泰・衆生成仏の唯一の正法であることを認識し、これを尊崇守護《そんそうしゅご》することである。

そして、その具体的な姿を示されたのが、次の「王臣一同に本門の三大秘密の法を持ちて、有徳王《うとくおう》・覚徳比丘《かくとくびく》の其の乃往《むかし》を末法濁悪の未来に移さん時」との御文である。

すなわち日本国の国主たる天皇も、諸大臣も、全国民も、一同に「本門戒壇の大御本尊」を信じて南無妙法蓮華経と唱え、この正法を守護するにおいては身命も惜しまぬとの熱烈の護法心が一国にみなぎる時、と仰せられる。このような状況が日本国に現出《げんしゅつ》した時が戒壇建立の時である。立正安国論に守護付嘱を説き、「有徳王・覚徳比丘」の故事《こじ》を引き給うた御意はまさにここにある。御化導の始めの立正安国論と、最後の三大秘法抄と、本末究竟《ほんまつくきょう》して等しく、函蓋相応《かんがいそうおう》する妙を深く拝すべきである。

次に戒壇建立の手続については

「勅宣《ちょくせん》並びに御教書《みぎょうしょ》を申し下して」と定められている。「勅宣」とは国主たる天皇の詔勅《しょうちょく》、「御教書」とは当時幕府の令書《れいしょ》、今日においては国会の議決がこれに当る。まさしく「勅宣並びに御教書」とは、正法護持の「国家意志《こっかいし》の表明」ということである。

なにゆえ戒壇建立に当って、大聖人はかかる手続を定め給うたのであろうか。謹んで案ずるに、戒壇建立の目的は仏国の実現にある。されば一個人・一団体の正法護持では国土の成仏は叶《かな》わない。一国の総意が国家意志にまで凝集《ぎょうしゅう》し、その公式表明によって戒壇が立てられてこそ、始めて国家・国土は成仏し、仏国が実現するのである。ゆえに「国家意志の表明」は、戒壇建立に欠くべからざる必要手続なのである。このゆえに御遺命の本門戒壇を国立戒壇と称するのである。

次に場所については

「霊山浄土《りょうぜんじょうど》に似たらん最勝の地」と仰せられている。ここには地名が略されているが、前に挙げた「一期弘法付嘱書」には「富士山に」と特定されている。さらに日興上人は富士山の中には南麓《なんろく》の最勝の地「天生《あもう》ヶ《が》原《はら》」をその地と定められ、この御相伝により日寛上人は「事《じ》の戒壇とは、すなわち富士山天生《あもう》原《はら》に戒壇堂を建立するなり」（報恩抄文段）と明記されている。

戒壇建立についての時・手続・場所はここに明らかである。かかる本門戒壇が建立された時、始めて日本は仏国となるのである。すなわち一国に不惜身命の護法心みなぎる時、国家意志の表明を以て富士山に国立戒壇が立てられれば、その時日本国の魂《たましい》は御本仏の当体たる「本門戒壇の大御本尊」となる。御本仏を魂とする国はまさしく仏国ではないか。この仏国は金剛不壊《こんごうふえ》である。竜の口における御本仏の厳然の威容を拝するならば、仏国の不壊《ふえ》もまた確信できよう。ゆえに本論に「仏国其れ衰えんや、乃至、宝土何ぞ壊《やぶ》れんや」と仰せ給うのである。

次に「時を待つべきのみ」とは勧誡《かんかい》である。勧《かん》とは、広宣流布は大地を的とするところであるから、身命を惜まず弘通せよとの勧奨《かんしょう》。誡《かい》とは、時来らざる以前に戒壇を立てることの断じて不可《ふか》なることを誡《いまし》め給うのである。もし一国の謗法《ほうぼう》と邪正《じゃしょう》を決《けっ》せぬうちに戒壇を立てれば、邪正肩を並べ謗法を容認《ようにん》することになるからである。

「三国並びに一閻浮提《いちえんぶだい》の人懺悔滅罪《ざんげめつざい》の戒法のみならず、大梵天王《たいぼんてんのう》・帝釈《たいしゃく》等も来下《らいげ》して蹋《ふ》み給うべき戒壇なり」

とは、本門戒壇の広大なる利益を示されたものである。この戒壇は日本のためだけではない。中国・印度さらには全世界の人々の懺悔滅罪《ざんげめつざい》の戒法である。いや人界だけではない、その利益は天界にまで及ぶのである。ゆえに「大梵天王・帝釈等……」と仰せられる。なんと広大無辺の大利益ではないか。

「本門戒壇の大御本尊」は、日本および全世界の人類に総じて授与された御本尊である。かかる全人類のための大法を、日本が国運を賭しても守り奉る。これが日本国の使命である。日本は御本仏出現の国であり、三大秘法広宣流布・根本の妙国であるから、この義務と大任を世界に対して負うのである。かかる崇高《すうこう》なる国家目的を持つ国が世界のどこにあろう。人の境界に十種あるごとく、国にも十界がある。戦禍《せんか》におびえる国は地獄界であり、飢餓《きが》に苦しむ国は餓鬼界であり、侵略をこととする国は修羅界である。いま全人類の成仏の大法を、全人類のために、国運を賭《と》しても護持する国があれば、まさしく仏界の国というべきである。

そして全世界がやがてこの大法にめざめ、富士山に建立された本門戒壇を中心とすれば、すなわち世界が仏国土となる。この時、三災七難はなくなり、全人類は心豊かに三大秘法を修行し、一生成仏を遂げていくのである。教行証御書《きょうぎょうしょうごしょ》に云く

「前代未聞《ぜんだいみもん》の大法此の国に流布《るふ》して、月氏《がっし》・漢土《かんど》・一閻浮提《いちえんぶだい》の内の一切衆生、仏に成るべき事こそ有難けれ、有難けれ」と。

これこそ大聖人の究極《きゅうきょく》の御願業《ごがんぎょう》であられる。そしてこの仏国土実現の鍵が、日本における国立戒壇の建立にある。「立正」の意は、まさしくここにあるのである。

以上、三大秘法抄の御文と照応する時、「実乗の一善に帰せよ」の文意は炳焉《へいえん》として明らかであろう。

第十段　正に帰し謗法対治を誓う

本文

客《きゃく》の曰《いわ》く、今生《こんじょう》後生《ごしょう》誰《たれ》か慎《つつし》まざらん、誰《たれ》か和《したが》わざらん。此《こ》の経文《きょうもん》を披《ひら》きて具《つぶさ》に仏語《ぶつご》を承《うけたま》わるに、誹謗《ひぼう》の科《とが》至《いた》つて重《おも》く、毀法《きぼう》の罪《つみ》誡《まこと》に深《ふか》し。我《われ》一仏《いちぶつ》を信《しん》じて諸仏《しょぶつ》を抛《なげう》ち、三部経《さんぶきょう》を仰《あお》ぎて諸経《しょきょう》を閣《さしお》きしは、是《こ》れ私曲《しごく》の思《おもい》に非《あら》ず、則《すなわ》ち先達《せんだつ》の詞《ことば》に随《したが》いしなり。十方《じっぽう》の諸人《しょにん》も亦復《またまた》是《か》くの如《ごと》くなるべし。今世《こんぜ》には性心《しょうしん》を労《ろう》し、来生《らいしょう》には阿鼻《あび》に堕《だ》せんこと、文《もん》明《あきら》かに理《り》詳《つまびら》かなり。疑《うたが》うべからず。弥《いよい》よ貴《き》公《こう》の慈誨《じげ》を仰《あお》ぎ、益《ますます》愚客《ぐきゃく》の癡心《ちしん》を開《ひら》き、速《すみやか》に対治《たいじ》を廻《めぐら》して早《はや》く泰平《たいへい》を致《いた》し、先《ま》ず生前《しょうぜん》を安《やすん》じ、更《さら》に没後《もつご》を扶《たす》けん。唯《ただ》我《われ》信《しん》ずるのみに非《あら》ず、又《また》他《た》の誤《あやま》りを誡《いまし》めんのみ。

通釈

客のいわく。

今生・後生とも誰が慎《つつし》まないものがあろう、誰が和《したが》わないものがあろうか。いま主人より経文を開いてつぶさに仏語を承わるに、正法を誹謗する科《とが》は至って重く、正法を毀《やぶ》る罪はまことに深いものである。自分が弥陀《みだ》一仏を信じて諸仏を抛ち、浄土の三部経を仰いで諸経を閣《さしお》いたのは、自分一人の考え違いでなく、ひとえに念仏の先達の言葉にしたがったのである。十方の諸人もまた同様であろう。そのため現世においてはいたずらに辛労を味い、さらに来世には阿鼻地獄に堕ちること、文証も道理も明白で少しも疑う余地がない。

今後とも、いよいよ主人の大慈悲の訓誡を仰ぎ、ますます愚かしい自分の癡心《ちしん》を開き、速かに謗法対治の方策を立てて泰平を実現し、まず現世を安穏にし、さらに後生を扶《たす》けたいものである。そのためには、ただ自分がひとり正法を信ずるだけでなく、他人の誤りも誡め折伏するのみである。

語訳

一仏　ここでは阿弥陀仏《あみだぶつ》をさす。

三部経　浄土三部経、すなわち阿弥陀経、無量寿経、観無量寿経のこと。

私曲《しごく》の思　自分勝手に立てた妄想。

先達《せんだつ》　遠くは曇鸞《どんらん》・道綽《どうしゃく》・善導《ぜんどう》・慧心《えしん》、近くは法然をさす。

性心《しょうしん》を労し　絶え間ない苦悩に心を労し、生命力をむしばまれること。

慈誨《じげ》　慈悲あふれる教訓。相手を救わんとする真心から出た厳格な教え。

愚客《ぐきゃく》の癡心《ちしん》を開き　客がへりくだって云った言葉。愚かな自分の心を主人の教えによって開き、天下を安んずる方法を知ることができました、との意。

生前《しょうぜん》・没後《もつご》　今生と死後の来世。

講義

この第十段は客の言葉だけで主人の答えはない。そのわけは、客はすでに信伏し主人の心のままに領《りょう》解《げ》して対治《たいじ》を誓うゆえに、客の言葉はそのまま主人の心になっているからである。

客は謗法こそ今生・後生に不幸をもたらす根本の原因であることを深く認識し、自分も含め人々が正法を誹謗したのも、ひとえに邪師を信じたゆえであると、謗法の邪法・邪師の対治を堅く誓っている。

「唯我信《ただわれ》ずるのみに非《あら》ず、又他の誤りを誡《いまし》めんのみ」

客の決意が右の言葉で結ばれているのは、折伏こそ立正安国の実践《じっせん》であることを示されたものである。自分だけ正しい仏法を信じていればそれでよいというのは末法の信心の在り方ではなく、また仏法を破壊する者を見てそのまま黙っているは仏弟子ではなく、かえって「仏法の中の怨《あだ》」である。

曽谷殿《そやどの》御返事に云く

「涅槃経《ねはんぎょう》に云く、『若《も》し善比丘《ぜんびく》あって法を壊《やぶ》る者を見て、置《お》いて呵責《かしゃく》し駈遣《くけん》し挙処《こしょ》せずんば、当《まさ》に知るべし、是《こ》の人は仏法の中の怨《あだ》なり。若《も》し能《よ》く駈遣《くけん》し呵責《かしゃく》し挙処《こしょ》せば、是れ我が弟子、真の声聞《しょうもん》なり』云云。此の文の中に見壊法者《けんねほうしゃ》の見《けん》と、置不呵責《ちふかしゃく》の置《ち》とを、能々《よくよく》心腑に染むべきなり。乃至、謗法を責めずして成仏を願はば、火の中に水を求め、水の中に火を尋ぬるが如くなるべし。はかなし、はかなし」と。

折伏の精神がなければ、いつのまにか謗法の者に与同《よどう》してしまうことになる。この与同罪《よどうざい》により成仏ができなくなるのである。

また弘通をしなければ広宣流布は達成されない。広宣流布が実現しなければ国立戒壇の建立もない。大法弘通こそ立正安国を推進するものである。ゆえに御遺命を奉じられた第二祖日興上人の御遺誡《ごゆいかい》に云く

「未だ広宣流布せざる間は、身命を捨て随力弘通《ずいりきぐずう》を致《いた》すべき事」と。

第十段　正に帰し謗法対治を誓う

まことに、広宣流布・国立戒壇建立をめざして折伏弘通に励《はげ》むことこそ、立正安国の実践であることを、深く心腑に染めるべきである。

立正安国論奥書

本文

文《ぶん》応《のう》元《がん》年《ねん》太歳庚申之《これ》を勘《かんが》う。正《しょう》嘉《か》より之《これ》を始《はじ》め文《ぶん》応《のう》元《がん》年《ねん》に勘《かんが》え畢《おわ》んぬ。

去《い》ぬる正《しょう》嘉《か》元《がん》年《ねん》太歳丁巳八月《がつ》二十三日《にち》戌《いぬ》亥《い》の尅《こく》の大《だい》地《じ》震《しん》を見《み》て之《これ》を勘《かんが》う。其《そ》の後《ご》文《ぶん》応《のう》元《がん》年《ねん》太歳庚申七月《がつ》十六日《にち》を以《もっ》て宿《やど》屋《や》禅《ぜん》門《もん》に付《ふ》して故《こ》最《さい》明《みょう》寺《じ》入《にゅう》道《どう》殿《どの》に奉《たてまつ》れり。其《そ》の後《ご》文《ぶん》永《ねい》元《がん》年《ねん》太歳甲子七月《がつ》五日《いつか》大《だい》明《みょう》星《じょう》の時《とき》弥《いよ》々《いよ》此《こ》の災《わざわい》の根《こん》源《げん》を知《し》る。文《ぶん》応《のう》元《がん》年《ねん》太歳庚申より文《ぶん》永《ねい》五年《ねん》太歳戊辰後《のち》の正《しょう》月《がつ》十八日《にち》に至《いた》るまで九《く》ヶ《か》年《ねん》を経《へ》て、西《さい》方《ほう》大《だい》蒙《もう》古《こ》国《こく》自《よ》り我《わ》が朝《ちょう》を襲《おそ》う可《べ》きの由《よし》牒《ちょう》状《じょう》之《これ》を渡《わた》す。又《また》同《どう》六年《ねん》重《かさ》ねて牒《ちょう》状《じょう》之《これ》を渡《わた》す。既《すで》に勘《かん》文《もん》之《これ》に叶《かな》う。之《これ》に准《じゅん》じて之《これ》を思《おも》うに、未《み》来《らい》亦《また》然《しか》る可《べ》きか。

此《こ》の書《しょ》は徴《しるし》有《あ》る文《ふみ》なり。是《こ》れ偏《ひとえ》に日《にち》蓮《れん》の力《ちから》に非《あら》ず、法《ほ》華《け》経《きょう》の真《しん》文《もん》の感《かん》応《のう》の至《いた》す所《ところ》か。

文永《ぶんねい》六年《ねん》太歳己巳十二月《がつ》八日《か》之《これ》を写《うつ》す。

通釈

文応元年にこの立正安国論を述作した。正嘉より勘《かんが》え始め、文応元年に勘え終ったのである。

去る正嘉元年八月二十三日午後九時ごろに起きた大地震を見て、この立正安国論を勘えた。その後文応元年七月十六日を期して、宿屋《やどや》禅門《ぜんもん》を通じ、故最明寺《こさいみょうじ》入道《にゅうどう》殿にこの書を奉った。その後文永元年七月五日の大彗星《だいすいせい》を見て、いよいよ天下の災難の根源を知った。そして文応元年より文永五年の閏《うるう》正月十八日に至るまでの九ヶ年を経《へ》て、西方《さいほう》大蒙古国より日本を襲うべき由《よし》の国書《こくしょ》が到来した。また同六年には重ねて国書がもたらされた。すでに立正安国論に記《しる》した予言は、厳然と符合《ふごう》している。これに准《じゅん》じてこれを思うに、未来も亦《また》必ずそのようになるであろう。

この書は現証をともなった文《ふみ》である。これは日蓮の力ではない、偏《ひとえ》に法華経の真文《しんもん》の感応《かんのう》のいたすところである。

文永六年十二月八日、これを写《うつ》す。

語訳

戌亥《いぬい》の尅《こく》　午後九時ごろに相当する。

宿屋禅門《やどやぜんもん》　宿屋左衛門入道光則《みつのり》のこと。北条時頼および北条時宗に側近として仕えていた。竜の口の大奇瑞《だいきずい》を見て、大聖人に帰依したと伝えられる。

故最明寺入道　鎌倉幕府の第五代執権・北条時頼のこと。

文永元年七月五日大明星《だいみょうじょう》　この大明星とは大彗星のことである。この年の六月二十六日東北の空に大彗星が現われ、七月四日再び輝き始めて八月まで輝きわたった。七月五日はその大きさと光が最も増した時である。

牒状《ちょうじょう》　国書のこと。

徴《しるし》　現実の証拠、現証のこと。

講義

この「奥書」は、文応元年の立正安国論奏上より十年後の文永六年、大聖人御自ら立正安国論を書写し給うた時、その文末に御所感を記入されたものである。

冒頭に「正嘉より之を始め、文応元年に勘《かんが》え畢《おわ》んぬ」とあるが、一筆万言《いっぴつまんげん》たちどころに成る大聖人にして、正嘉の大地震より満三年の沈思黙考《ちんしもっこう》を経《へ》られたことに、この立正安国論の容易ならざる重みを感ずる。まさに本論こそ一代御化導を貫く大綱《たいこう》の御書、そして御本仏の大願この一書にこもるを、ひしひしと感ずるものである。

「文永元年七月五日大明星《だいみょうじょう》の時、弥々《いよいよ》此の災《わざわい》の根源を知る」

この「大明星」とは大彗星を指す。文永元年七月の大彗星は中国・日本の史書にも見ぬ大彗星であった。もちろん七十六年周期のハレー彗星などではない。それは文字通り、前代未聞の大彗星であった。この大彗星は七年前の正嘉の大地震と共に、仏法上の深い謂《いわ》れより出現したものである。いかなる謂《いわ》れであろうか。

撰時抄に云く

「日蓮は閻浮《えんぶ》第一《だいいち》の法華経の行者なり。此《これ》をそしり、此をあだむ人を結構《けっこう》せん人は閻浮第一の大難にあうべし。これは日本国をふりゆるがす正嘉の大地震、一天を罰《ばっ》する文永の大彗星等なり。此等をみよ、仏滅度の後、仏法を行ずる者にあだをなすといえども、今のごとくの大難は一度もなきなり。南無妙法蓮華経と一切衆生にすすめたる人一人もなし。此の徳はたれか一天に眼《まなこ》を合せ、四海《しかい》に肩を並ぶべきや」と。

また法蓮抄《ほうれんしょう》に云く

「予《よ》、不肖《ふしょう》の身なれども法華経を弘通する行者を、王臣人民之《おうしんにんみんこれ》を怨《あだ》む間、法華経の座《ざ》にて守護せんと誓いをなせる地神《ちじん》いかりをなして身をふるひ、天神《てんじん》身より光を出して此の国をおどす。いかに諫《いさ》むれども用いざれば、結句《けっく》は人の身に入って自界叛逆《じかいほんぎゃく》せしめ、他国《たこく》より責《せ》むべし」と。

以上の聖文を拝すれば、御本仏出現して大慈悲を以って南無妙法蓮華経を勧《すす》め給うに、国主万民かえって怨《あだ》をなせば、諸天はまず前代未聞の天変《てんぺん》地夭《ちよう》を以ってその大謗法を諫め、もしこの諫めを用いなければ隣国より責《せ》めしむるとある。まさに正嘉・文永の大地震・大彗星は、諸天が天変地夭を以て一国謗法を罰する姿であり、同時に後の自界叛逆《じかいほんぎゃく》・他国侵逼《たこくしんぴつ》の前相《ぜんそう》であった。

ゆえに大聖人は正嘉の大地震を見て立正安国論を認《したた》められ、そして文永の大長星の時「弥々《いよいよ》此の災《わざわい》の根源を知る」との思いを懐き給うたのである。

「既《すで》に勘文之《これ》に叶う。之《これ》に准じて之を思うに、未来亦《また》然る可《べ》きか」

大聖人が立正安国論に「他国侵逼の難」を予言し給うた時、日本人の誰人がこれを信じたであろうか。四方を海で囲まれ、歴史上一度も他国の侵略を経験したことのない当時の日本において、この御予言は荒唐《こうとう》無稽《むけい》の威《おど》しとも取られたであろう。

だが、それより九ヶ年を経て、大蒙古国より日本を襲うべき由《よし》の国書が到来し、さらにその六年後、ついに蒙古の軍船《ぐんせん》は海を覆《おお》って日本に襲来した。御予言は一分も違《たが》わず符合《ふごう》したのである。

まさに立正安国論は理論と現証の一致を以て示された国家安泰・世界平和の一大指南書である。ゆえに未来も亦《また》この法則のままに、国家も人類も動いていくのである。

ことに「未来亦《また》然るべきか」とは、事《じ》の広宣流布の前夜、日本に再び立正安国論に御示しの現証が起こることを、兼《か》ねて仰せ給うたものと拝する。

思うに、国立戒壇の建立は大難事である。

もし広宣流布の時が近づけば、第六天の魔王は、あるいは正系門家に入って国立戒壇の御遺命を内より破壊せんとし、あるいは国に入って大怨嫉を巻き起こすであろう。

創価学会が選挙に狂奔して自ら国立戒壇を否定したうえ、俄《にわか》に建てた正本堂を「御遺命の戒壇」と偽ったこと。また宗門高僧がこぞって学会に諂《へつら》ってこの御遺命破壊に協力したことは、まさに天魔その身に入るの所行であった。

大聖人は正系門家のこの御遺命違背を許し給わず、〝不思議の還御《かんぎょ》〟をあそばし、さらに正本堂を打ち砕き給うたことは、ただただ紅涙《こうるい》頬を伝わる有難さであった。

だが、正本堂の大誑惑《おうわく》を犯した学会・宗門には一分の改悔なく、なお未だに国立戒壇を否定し続け、かえって諫めた顕正会に憎悪の炎を燃やしている。無慚無愧《むざんむき》とはこれである。

近き将来、顕正会が百万・千万の大なる力をもって、「日蓮大聖人に帰依しなければ日本は亡ぶ」「早く国立戒壇を建立すべし」と一国を諫暁するとき、国立戒壇を嫌う創価学会と、国中の邪宗の輩・政治家・マスコミ・学者文化人等は結託し、こぞって大聖人の御遺命に敵対するであろう。

このとき――「未来亦《また》然るべきか」の御金言は事相《じそう》となるか。顕正会員は刮目《かつもく》してこれを見るべきである。

「是れ偏《ひとえ》に日蓮の力に非《あら》ず、法華経の真文《しんもん》の感応の至す所か」

この御文は、同じく予言適中について仰せられた撰時抄の次の御文と同趣旨《どうしゅし》である。すなわち

「此の三つの大事は日蓮が申したるにはあらず、只偏《ひとえ》に釈迦如来の御神《みたましい》、我が身に入りかわせ給いけるにや。我が身ながらも悦《よろこ》び身にあまる。法華経の一念三千と申す大事の法門はこれなり」と。

日寛上人この御文を会《え》して云く

「今日《こんにち》の『釈迦如来の御神《みたましい》』とは即ちこれ久遠元初《くおんがんじょ》の自受用身《じじゅゆうじん》なり、久遠元初の自受用身とは即ち今日の蓮祖《れんそ》聖人なり、ゆえに『釈迦如来の御神、我が身に入り替《かわ》る』というなり。その自受用身とは即ちこれ一念三千の仏なり、ゆえに『一念三千と申す大事の法門はこれなり』という。乃至、文意に云く、この三つの大事は日蓮が申したるにはあらず、釈迦如来の御神《みたましい》たる久遠元初の自受用身の仰せられたるにてあるなり、豈《あに》符合《ふごう》せざるべけんや」と。

いまこの御指南に準じて拝するに、撰時抄の「法華経の一念三千と申す大事の法門」の御文と、この奥書の「法華経の真文」とは、その元意《がんい》まったく同意である。

すなわち法華経の本門寿量品の文底には、真の事《じ》の一念三千が秘し沈められている。この一念三千は即自受用身《じじゅゆうじん》である。そして自受用身とは、末法出現の日蓮大聖人の御事である。

大聖人実に久遠元初《くおんがんじょ》の自受用身《じじゅゆうじん》にてましませばこそ、立正安国論の御予言は一分も違わず符合《ふごう》したの

である。この甚深の御境界、深く仰ぎ信じ奉るべきである。

以上、立正安国論および奥書、ここに謹んで拝し畢《おわ》る。

立正安国論謹講

初　版第一刷発行　昭和63年7月16日
改訂版第五刷発行　令和元年11月15日

著　者　浅井昭衞

発行所　冨士大石寺顕正会
埼玉県さいたま市大宮区寿能町一—七二—一
電話　〇四八（六五〇）八一一一